Despertei por você

PRISCILA TORATTI

© 2018 por Priscila Toratti
© iStock.com/Melpomenem

Coordenadora editorial: Tânia Lins
Coordenador de comunicação: Marcio Lipari
Capa e projeto gráfico: Equipe Vida & Consciência
Preparação e revisão: Equipe Vida & Consciência

1ª edição — 1ª impressão
5.000 exemplares — julho 2018
Tiragem total: 5.000 exemplares

**CIP-BRASIL — CATALOGAÇÃO NA PUBLICAÇÃO
(SINDICATO NACIONAL DOS EDITORES DE LIVROS, RJ)**

T635d

    Toratti, Priscila
    Despertei por você / Priscila Toratti. - 1. ed., reimpr. - São Paulo : Vida & Consciência, 2018.
        224 p. ; 23 cm.

    ISBN 978-85-7722-562-0

    1. Romance brasileiro. I. Título.

18-50307   CDD: 869.3
                                         CDU: 82-31(81)

Todos os direitos reservados. Nenhuma parte desta edição pode ser utilizada ou reproduzida, por qualquer forma ou meio, seja ele mecânico ou eletrônico, fotocópia, gravação etc., tampouco apropriada ou estocada em sistema de banco de dados, sem a expressa autorização da editora (Lei nº 5.988, de 14/12/1973).

Este livro adota as regras do novo acordo ortográfico (2009).

Vida & Consciência Editora e Distribuidora Ltda.
Rua Agostinho Gomes, 2.312 — São Paulo — SP — Brasil
CEP 04206-001
editora@vidaeconsciencia.com.br
www.vidaeconsciencia.com.br

*Aos amigos espirituais,
que tanto me inspiram;*

*À flor mais encantadora do jardim,
minha filha Amarílis;*

*Aos companheiros de jornada:
Álvaro José, Isaura e Célio.*

Iniciação
— Fernando Pessoa —

Não dormes sob os ciprestes,

Pois não há sono no mundo.

O corpo é a sombra das vestes
Que encobrem teu ser profundo.

Vem a noite, que é a morte,
E a sombra acabou sem ser.
Vais na noite só recorte,
Igual a ti sem querer.

Mas na Estalagem do Assombro
Tiram-te os Anjos a capa.
Segues sem capa no ombro,
Com o pouco que te tapa.

*Então Arcanjos da Estrada
Despem-te e deixam-te nu.
Não tens vestes, não tens nada:
Tens só teu corpo, que és tu.*

*Por fim, na funda caverna,
Os Deuses despem-te mais:
Teu corpo cessa, alma externa,
Mas vês que são teus iguais.*

*A sombra das tuas vestes
Ficou entre nós na Sorte.
Não estás morto, entre ciprestes.*

Neófito, não há morte.

Sumário

Tom _____ 9
A chegada de Divaldo _____ 15
Três sóis _____ 19
Pesquisas projeciológicas _____ 26
O sono de Ícaro _____ 30
Minhas culpas _____ 37
Meus amigos _____ 42
Templo de Cristal _____ 49
Maldades _____ 57
O lado oculto _____ 61
Água parada não move moinho ____ 70
O purgatório _____ 78
Partidas _____ 88
O pomar _____ 95

Praticidades	101
Terra do Fogo	105
Uma dor imensa	112
Tentações	119
Dia de faxina	129
Irmandade	141
Recuperação	150
Regressão	156
Recomeço	162
Freira	167
Alquimia	173
A praia	178
Quatro anos depois	185
Festejar	200
Paraty	207

Tom

— A vida se lembrou de mim — afirmei, sentada num quiosque à beira-mar de Paraty. Sentia-me bem-disposta, nenhum sinal de preocupação, culpa ou crítica.

Experimentava, naquele princípio de tarde, uma sensação de leveza desconhecida. Tomei mais um gole de água de coco, sentindo a brisa do mar carregada de sal e música.

Tudo se apresentava mais iluminado e rico em detalhes. Ao meu lado, duas senhoras conversavam com animação, reparei na cabeleira esverdeada de uma e na abóbora da outra.

O som do piano sobre a areia parecia conduzido e amplificado exclusivamente para meus ouvidos. As notas pulsavam dentro de mim e preenchiam todos os meus sentidos.

O vestido lilás da pianista cintilava em faíscas prateadas.

— Que coisa estranha — falei em voz alta. — Minha pressão caiu, só pode ser!

Desviei o olhar, não queria me ater aos detalhes inverossímeis. Algo me dizia que qualquer questionamento norteado pelo senso comum perturbaria meus sentidos, recém-despertados pela música.

Infelizmente, quando me dei conta, já estava fazendo julgamentos sobre tudo.

— Cabelos coloridos, vestido brilhante e, francamente, um piano na areia! — exclamei um pouco antes da sensação de sonolência me dominar e meus olhos se ofuscarem.

Não queria questionar aquelas visões exóticas, nem minha súbita disposição, todavia, o hábito da dúvida era mais forte, e quanto mais racionalizava, mais entorpecida ficava.

Pensei na possibilidade de terem misturado alguma droga na água de coco. Isso explicaria as visões, a zonzeira. A hipótese me convenceu.

— Nunca confundi fantasia com realidade, também nunca me senti tão bem como agora. Com certeza, me drogaram — concluí, caindo lentamente sobre a mesa.

Não sei por quanto tempo apaguei, felizmente, os gritos estridentes das crianças brincando na água me despertaram novamente. Saltei da cadeira e corri para a água, para longe de qualquer suspeita que me arrastasse de volta às perguntas.

Em condições normais, teria vergonha da corrida, ninguém fazia isso aos vinte anos, mas o princípio da censura foi banido por uma empolgação que não sentia havia muito tempo. Atravessei o mormaço marítimo e mergulhei no mar.

As águas me devolveram o reflexo e a lucidez. Resolvi brincar junto à criançada que ria de tudo, inclusive do meu grito, quando alguém agarrou o meu pé.

Toda aquela energia e diversão reviveram em mim uma alegria esquecida, original, própria dos nossos primeiros anos de vida.

— O que você vai fazer quando crescer? — perguntou um garoto.

— Eu já cresci — respondi.

— Você nunca para de crescer, por isso, pode fazer o que quiser sempre — afirmou um rapaz, emergindo da água, certamente o mesmo que agarrou meu pé.

— Eu quero cuidar do mar — disse uma menina, desencadeando as respostas de todas as crianças.

Eram planos interessantíssimos, envolvendo causas nobres, científicas, culturais e tantas mais.

— Viu como é fácil? Só você não respondeu — insistiu o rapaz.

— Responda você o que faz da vida — retruquei, irritada com sua insistência.

— Eu estudo música.

— E eu trabalho no mercadinho do estúpido do meu cunhado — respondi cheia de despeito, certa de que cessariam as expectativas profissionais e qualquer interesse em torno de mim.

— Não é do seu sustento que deve se envergonhar, mas de não trabalhar as suas potencialidades.

O comentário do rapaz me incomodou profundamente. Calei-me. O clima pesado afastou a criançada, que preferiu correr em direção ao arco-íris, deixando-nos a sós.

Achei melhor ir embora. Falar do meu cotidiano tornaria a atrapalhar meu emocional. Se os meus habituais questionamentos me causaram vertigens momentos antes, agora, a lembrança do meu trabalho e da minha vida estava me colocando para baixo.

E fui saindo cabisbaixa, com as costas encurvadas, nem sequer me despedi do rapaz. As sensações eram intensas naquele lugar, e meu desânimo já tinha virado tristeza quando saí da água.

Parei de andar. Meus olhos vidrados na areia viam um filme de coisas ruins sobre minha história. Meu pensamento era um circuito de mágoas do passado. Parecia tomada, hipnotizada.

Como uma simples pergunta podia me abalar tanto? Não, não era a pergunta, mas a resposta calada que me machucou. De que modo dizer que eu não era nada, não queria ser nada, nem sonhos eu tinha? O que fiz com eles?

Alguém tocou meu ombro. Olhei para cima. Era ele, o rapaz do mar. Seus olhos plenos de ternura e atenção pediam desculpas. Depois, abraçou-me. Encostei minha cabeça contra seu peito e fiquei assim, aquecida, envolvida, sentindo cada nota do piano pulsar novamente em mim.

— Qual é seu nome?
— Thomas. Tom.
— O meu é...
— Mei... Mei — ouvi os gritos de Olívia, minha irmã, contudo, não a vi.
— Desculpe minha abordagem direta, Mei, é que não temos muito tempo.
— Onde você mora? — perguntei.

Tom sorriu. Senti uma fisgada na nuca, imaginei que fosse Olívia puxando meus cabelos.

— Acorda, Mei, vamos embora. — E foram com essas palavras que meus olhos se abriram, resistentes, não queriam ver o céu fechado, o mar vazio, uma praia sem música, sem ele.

— Parecia tão real — disse baixinho, buscando ao redor algum vestígio que concretizasse meu sonho.

Olívia agarrou minhas mãos e me levantou. Sacudiu cheia de pressa a areia da minha roupa, dizendo que Divaldo, seu marido, tinha razão de estar nervoso, afinal, não podia ter me distanciado para ver o mar, não podia atrasar o retorno a São Paulo, não podia me distrair, enfim, concluiu que eu nem devia ter ido.

— Você veio pra ajudar, não pra atrapalhar — resmungou Divaldo ao entramos na Kombi. Ignorei-o, não com o rancor de sempre, mas com a indiferença de quem estava preenchida por sentimentos mais agradáveis.

Na saída de Paraty, fui absorvendo todos os detalhes da cidade, quem sabe encontraria o rosto dele em qualquer esquina. "Se eu o imprimi na memória antes do sonho, Tom pode ser o rapaz da lanchonete, da barraca de artesanato, do posto de gasolina, Deus, onde eu o vi?", questionei-me incontáveis vezes, enquanto acariciava os cabelos do meu sobrinho Ícaro, deitado com a cabeça no meu colo.

O silêncio de Divaldo e Olívia me desencorajou a perguntar sobre a consulta do garoto — motivo de nossa viagem à cidade. Ícaro tinha seis anos e vivia em estado vegetativo havia quase um.

Nossa peregrinação por igrejas, templos, terreiros e terapias alternativas se iniciou quando a medicina tradicional ficou restrita às sessões de fisioterapia.

Em Paraty, os pais consultaram uma curandeira, indicada por uma conhecida.

— Nunca mais eu levo o menino a esses lugares — maldisse Divaldo na estrada.

— A mulher deu certeza de que o auxílio está a caminho — contou-me Olívia, com um sorriso incerto.

— Papo-furado — retrucou o marido.

— Ela também falou que uma jovem vai ajudar a despertá-lo.
— Que jovem? — perguntei.
— Ela não disse. Pensei em você, Mei.
— A sua irmã despertar alguém? Palhaçada! O mundo estaria bem melhor se todo mundo que causasse estrago na vida dos outros fosse obrigado a consertar tudo — comentou Divaldo, olhando-me com raiva pelo retrovisor. Olívia nada falou, as poucas tentativas de ser simpática comigo terminavam quando começavam as ofensas do marido sobre mim.

O meu desejo era dizer que se as pessoas fossem obrigadas a consertar seus estragos, deveríamos, então, voltar no tempo para que ele jamais entrasse em nossas vidas. No entanto, calei-me. Não podia refazer o passado, somente reprisá-lo, muitas e muitas vezes.

A chegada de Divaldo

Foi com um guarda-chuva numa mão e a outra vazia que Divaldo entrou em nossas vidas, mais de dez anos atrás, no mesmo dia em que enterramos nossa mãe.

Olívia estava com 22 anos, era uma universitária linda, meiga e com predisposição para atrair jovens ricos e possessivos.

Divaldo não se destacava nem física, nem intelectualmente, passava dos 35 e morava de favor com uma tia idosa, na periferia de São Paulo. O resto da família ficara na Paraíba. Homem pobre, mas não menos possessivo e ganancioso do que os antigos namorados de minha irmã.

Vigia de cemitério na época, derramou-se em compaixão, segundo ele, ao nos ver abraçadas sob a chuva, sozinhas, após a partida dos parentes e conhecidos. Aproximou-se com o guarda-chuva aberto e puxou conversa.

Quando anoiteceu, ele convenceu Olívia a nos levar para casa dirigindo o carro dela. Fez questão de subir ao nosso apartamento. Voltou nos dias seguintes e foi ficando.

Não fosse o enterro, talvez eles nunca se encontrassem. Em condições normais, seria improvável que minha irmã lançasse sequer um olhar rápido para o vigia, contudo, o sumiço dos rapazes bem-nascidos, a insegurança e o medo do futuro baixaram sua guarda. E Divaldo, que estava na hora e no lugar certos, não desperdiçou a oportunidade de cumprir seu desejo de se casar com uma bela jovem da cidade grande e se tornar comerciante.

Passado o luto que os aproximou, perderia quem apostasse que as diferenças entre os dois não sustentariam uma relação. Educação, ambiente, costumes se tornaram superficiais, pois nada, nada era mais forte para eles do que suas carências e necessidades supridas um pelo outro. Eles se precisavam.

De mim, ninguém precisava. Sempre fui tratada como a gota d'água de um copo cheio. Meu pai, que nunca conheci, mudou-se com a esposa e os filhos oficiais para outro país, alguns meses antes do meu nascimento. Passou o apartamento para o nome de minha mãe em troca de plena desvinculação conosco.

Sem impor resistência alguma, minha mãe o liberou de nossa pensão alimentícia e de qualquer ligação. Seu bom salário de secretária executiva, seu egoísmo e martírio lhe bastavam. Na alegria, orgulhava-se de nos bancar sozinha e do nosso desprendimento paterno. Na tristeza, amaldiçoava o dia que desistira do amante e também do meu aborto.

A condição emocional de minha mãe girava em torno de suas relações amorosas. Durante os dez anos em que convivi com ela, não me lembro de celebração que não estivesse atrelada aos seus casos. Nossos aniversários só eram lembrados se o seu namoro atual estivesse bem, do contrário, nem bolo, nem vela.

Nas últimas semanas de vida de minha mãe, ela e seu namorado, um garotão de vinte poucos anos, brigaram feio. Ela deu e, principalmente, levou muita pancada.

Os vizinhos do prédio ameaçaram chamar a polícia, então, o rapaz partiu, mas, antes, embolsou todas as joias dela, a maioria, presentes de outros homens. Para o garotão, aquilo era seu pagamento por ter aturado minha mãe e suas crises de ciúmes por tantos meses.

Sustentada por soníferos e antidepressivos, não voltou ao trabalho, passava horas agarrada ao porta-joias musical, tão vazio quanto ela.

Aos vinte e três de dezembro, minha mãe levantou-se cedinho. Preparou o café da manhã e escreveu um bilhete:

Amada Olívia, minha dor não tem cura.
Cuide de nossa pequena Mei. Perdão.

Com amor, Jussara.

Depois, abraçou a caixinha de música em formato de coração e encerrou seu sofrimento pela janela do décimo quarto andar.

Duas semanas após o enterro, veio o convite de nossa tia para irmos morar com sua família no interior do estado. Eu devia esconder tanta felicidade diante da dor, do medo e das preocupações de Olívia, no entanto, não consegui, não quis disfarçar, irradiava alegria por cada poro do meu corpo, viver numa família de verdade com tia, tio, primos, seria como nascer de novo.

Brinquei, dancei pela casa. Fiz as malas. Entretanto, Divaldo já tinha se espalhado no mundo de Olívia. Ambos me incutiram a vergonha de estar feliz. Discursavam que não era certo, nem normal, uma criança de dez anos se esquecer da mãe tão rápido, sonhar com outra família, cantar quando deveria chorar.

Na época de minha mãe, nunca tivemos regras de comportamento, exceto uma, quando mamãe sofria, ninguém sorria. Apesar de morta, seu preceito ainda me era imposto.

Influenciada por Divaldo, minha irmã rejeitou o convite de nossa tia. E assim, após resolverem todos os trâmites legais, venderam nosso apartamento na zona central de São Paulo e compraram uma casa e um pequeno mercado na periferia da cidade.

O restante do dinheiro, eles foram usando consoante suas conveniências. Se antes minha mãe era o único obstáculo para minha felicidade, naquele cenário atual, tudo parecia me afastar cada vez mais da vontade de viver.

Meu mundo, conforme o conhecia, desapareceu, ou pior, tornou-se feio em visão, cheiro, roupa, quarto, rotina, escola. Minha irmã, moça adorável que um dia já tinha inspirado meu ideal de juventude, depois de Divaldo, tornou-se distante, quase uma estranha para mim.

Três sóis

Chegamos em casa ao fim da tarde. Olívia foi preparar o jantar, e Divaldo, fechar o mercadinho, deixado sob a responsabilidade dos funcionários.

"Mais um dia que se acaba e nada", pensava, enquanto banhava meu sobrinho. "E amanhã, o que será de mim?".

Deveria estar mais preocupada com Ícaro, sobretudo, depois de um dia malsucedido como aquele, no entanto, não queria parar de pensar sobre mim, sobre meu futuro. "Oh, Deus, tenho que fazer alguma coisa por mim, não posso continuar assim, nesta vida sem sentido".

Por tantos anos racionalizei as causas e os efeitos dos acontecimentos na minha vida. Avaliações contínuas de um passado inacabado e, naquele dia, subitamente, comecei a pensar em virar a página, encontrar meu caminho.

Que sonho foi aquele que me despertou o desejo da procura? Não queria que minha inspiração se desvanecesse na primeira briga que houvesse em casa, no próximo "não" que ouvisse, porém, não saberia dizer se encontraria forças para continuar com a sensação deixada pelo sonho, agora acordada, com os pés fora da areia.

Evitei pensar em Tom, não queria desenvolver qualquer tipo de fixação por alguém, ainda mais por uma criação mental capaz de disparar meu coração cada vez que evocava sua lembrança.

Durante o jantar, meu amigo Orixan ligou, avisando que ele e a namorada me pegariam em meia hora. Estava exausta, ia recusar o passeio, quando observei minha irmã e o marido trocando olhares reprovadores. Ocorreu-me na hora a velha máxima familiar — quando mamãe sofria, ninguém sorria.

"Chega de censura", pensei. Já não tinha dez anos de idade, ninguém me deixaria envergonhada por fazer outras escolhas. Disse sim ao meu amigo e fui trocar de roupa.

Raramente enfrentava os dois, preferia fazer o que mandavam a impor minha vontade. E mesmo quando não falavam nada, eu já antecipava as críticas e encerrava qualquer possibilidade de ação. Porém, algo estava acordando dentro de mim, não percebia ao certo o que sentia, já não era mais raiva ou medo deles, simplesmente não queria suportá-los.

— O macumbeiro e a boliviana tão buzinando — provocou Divaldo.

— Você vai chegar tarde? — quis saber Olívia.

— Acho que não. É só uma festa numa das escolas em que o Xan trabalha.

O casal me cumprimentou com brincadeiras. Sabiam da implicância de Divaldo com eles. Orixan era meu melhor amigo desde os tempos de escola. Fazia poucos meses que eu conhecera sua atual namorada, Sonia, e já a considerava uma amiga, tivemos uma afinidade espontânea. Diferente das outras, ela não demostrava ciúmes da minha amizade com seu namorado.

Enquanto recebia os alunos e convidados, Orixan nos deixou à vontade para percorrer o centro cultural em que ensinava capoeira. Seria sua primeira apresentação naquela instituição, e ele queria uma noite impecável.

O sarau aconteceria no jardim da escola e o tema era ritmos africanos, ideia de Orixan, claro. Filho do candomblé, não desperdiçava uma oportunidade de divulgar as referências artísticas da religião. Os professores de dança e teatro participariam também.

O evento iniciou-se com uma apresentação de dança tribal. Encostada numa árvore, entre tochas e incensos, num ambiente completamente favorável ao relaxamento e ao encanto, refleti sobre como meus sentidos eram carentes de beleza. Pouco os nutria com cores, sabores, sons, fragrâncias, toques, abraços... O abraço dele.

— Esqueça o cara — repetia para mim.

De fato, o sonho aguçara meus desejos. No entanto, a impressão onírica logo se desbotaria, e eu precisaria buscar sozinha outro alimento que me desse ânimo para viver. Não queria que aquele estado de graça se esvaísse e que eu retornasse à minha pobre rotina.

Durante o sarau, diante de tantas celebrações à vida, decidi que encontraria forças e ferramentas para continuar a jornada iniciada horas atrás.

Começaria absorvendo a beleza que me fosse oferecida, aceitando novas experiências por mais esquisitas que me soassem, sem preconceito, com a mente aberta, afinal, se um sonho era capaz de despertar em mim a vontade de buscar a felicidade esquecida, por que apostar nos julgamentos e nas limitações que nunca me levaram a nada?

Contive os pensamentos e me concentrei na *performance* de Orixan e seus alunos. Era minha primeira tentativa de absorver de forma consciente algo belo e torná-lo parte de mim. Já assistira a várias apresentações de Orixan, mesmo assim nunca tinha reparado, por exemplo, nas músicas que acompanhavam suas atuações.

Fechei meus olhos para sentir o ritmo das batidas. Concentrei-me em cada instrumento. O molejo do pandeiro relaxou, pouco a pouco, todos os meus músculos. Depois de vários minutos, já não sentia mais meu corpo. Podia mantê-lo sentado, porém, ausente de qualquer rigidez. Desfrutei daquela sensação inédita de físico adormecido e mente desperta.

A força do atabaque se impôs sobre mim. Uma intensa pulsação tomou conta da minha cabeça e nuca como se um coração tivesse brotado nesses pontos. Sentia somente os pulsares.

Minha atenção se voltou ao berimbau. O *vibrato* do instrumento provocou algo muito similar a uma corrente elétrica que percorria velozmente todo meu corpo de cima para baixo, de baixo para cima, inúmeras vezes.

A vigorosa repercussão de todos os instrumentos foi se enfraquecendo, distanciando-se até o ponto de não ouvir mais nada, exceto um forte zumbido em torno de minha cabeça.

Lembrei-me do terreiro de Orixan. Sabia pouquíssimo sobre as práticas do candomblé ou sobre qualquer religião.

"Talvez seja assim que as entidades se incorporem. Meu Deus, eu não quero sair rodando", pensei.

"Pare de fazer julgamentos", ordenou uma voz dentro de mim. Obedeci. Estava decidida a aceitar novas experiências, a nutrir-me da beleza, e aquilo era terrivelmente belo e novo para mim.

Senti-me em movimento, viajando fora do corpo. Fachos velozes de luz passaram por mim, não poderia dizer o quanto durou a experiência, pois perdi a noção de tempo.

Quando a ação cessou, já não era mais noite e uma claridade intensa invadiu-me os olhos ainda cerrados. Abri-os.

Vi imensos vales em tons vermelhos e amarelos. Três sóis iluminavam o céu, produzindo uma mistura de cores extraordinárias.

Alguns metros à minha frente havia um grupo de pessoas, pareciam pequenas, exceto uma, forcei os olhos para enxergá-las melhor e, quando percebi, já estava ao lado delas.

Era Tom, mais uma vez, rodeado de crianças. Uma vibração percorreu todo meu corpo ao vê-lo. A reação não passou despercebida. O rapaz me olhou da cabeça aos pés com curiosidade.

— Mei — disse ele.

— Onde estou? É um sonho? Por que vive rodeado de crianças?

— Somos estudantes, e o Tom é nosso instrutor — respondeu um garotinho.

— Estamos pesquisando este planeta porque vamos ser astrofísicos — afirmou uma menina.

— Eu não vou ser. Eu quero cuidar de gente! — retrucou outra, provocando mais uma vez, como em Paraty, a participação de todas ao mesmo tempo.

— Crianças, continuem a investigação que logo eu alcanço vocês — interveio Tom.

— Nunca vi crianças tão preocupadas com a profissão — brinquei.

— Estou encarregado de levá-las para conhecer o campo futuro de atuação de cada uma.

— Nunca tive um sonho tão lúcido.

— Esqueça os nuncas. Isto não é um sonho, você está numa projeção astral.

— Já ouvi falar nisso, mas não sei bem o que é.

— Seu corpo espiritual está passeando. Certamente alguém a trouxe até aqui.

— Não vi ninguém.

— Você recebeu a dádiva de uma viagem astral lúcida, possivelmente, se lembrará de muitos detalhes ao retornar ao corpo. Mas não acontece sempre, você precisa se desenvolver, estudar o assunto por vontade própria.

— Você também está a passeio como eu?

— Não, a minha estadia é mais longa — respondeu, olhando-me nos olhos.

— Posso voltar a vê-lo?

— Sempre que quiser e for permitido.

Tom se aproximou e acariciou meu rosto com ternura. Retribuí o gesto. Uma onda de felicidade me invadiu ao tocá-lo. Vários pontos de nossos corpos começaram a brilhar e a pulsar de forma vigorosa. A sensação era muito forte, não podia suportar.

— São nossos centros de energia — explicou ele.

Em seguida, perdi os sentidos.

Acordei durante os aplausos de encerramento do sarau. Sonia ria de mim, aconselhou-me a ficar desperta, já que a noite estava apenas começando. A instituição ainda serviria um coquetel. Minha vontade era correr para meu quarto e recapitular cada segundo daquela incrível experiência.

Um pouco antes de reencontrar Tom no planeta que orbitava entre três sóis, eu estava certa de que sua presença se desbotaria da minha lembrança, restando, talvez, a vontade de mudar. Mas ele tornou a aparecer.

   Nunca tinha me apaixonado. Os exemplos de casa não eram os melhores. Os relacionamentos de minha mãe apenas traziam dor e mágoa. O casamento de minha irmã jamais me inspirou em nada, aliás, arraigou mais minha convicção de que as relações, muitas vezes, só traziam dependência afetiva.

   De volta ao corpo, naquela noite encantada, não bastava dar um novo rumo à minha vida, queria ele também. Já não considerava aquele rapaz alto, de cabelos no ombro uma criação mental. Tom era mais real do que qualquer pessoa ao meu redor. Trouxe-me inspiração, alegria. Sim, estudaria o assunto como ele me aconselhou. E não me demoraria mais.

Pesquisas projeciológicas

Nos dias seguintes, nenhuma saída do corpo. Minha ansiedade talvez tenha abortado qualquer experiência ou, quem sabe, deram-me um tempo para maturar as ideias, iniciar os estudos. E foi exatamente o que fiz.

Todas as manhãs, antes do trabalho, pesquisava e salvava vários textos sobre projeção em meu *tablet*. E entre um cliente e outro do mercadinho, lia e relia as páginas.

A projeção astral tinha muitos outros nomes, como projeção da consciência, desdobramento, experiência fora do corpo, viagem astral e tantos outros usados para representar praticamente o mesmo fenômeno: o desprendimento do corpo astral para fora do corpo físico. Inclusive, o próprio corpo astral possuía outros nomes e complexidades, que somente mais tarde, na prática, fui entender melhor.

Descobri que todas as pessoas passavam pela projeção involuntária durante o sono, entretanto, a maioria delas não se lembrava ao acordar e quando o fazia, frequentemente, misturava os sonhos produzidos pela mente humana com suas atividades no astral.

Incomodou-me ler que uma boa parte das pessoas não ia a lugar nenhum, pois seu corpo astral se mantinha flutuando sobre o físico, ambos dormindo. Por quantos anos fiz isso? Ainda o fazia? Que desperdício de tempo e, principalmente, de potencial. Milhares de noites desperdiçadas a dormir projetada ou a circular no astral feito um zumbi, repetindo ações diárias, sem vontade de conhecer a mim mesma, a outras dimensões e formas de vida. A projeção consciente era um grande desafio para a humanidade e, sobretudo, para mim, agora que fomos apresentadas oficialmente.

Aprendi que a recordação das experiências projetivas, embora muito almejada pelos projetores, não era essencial para todos. O fundamental era manter-se com propósitos produtivos e lúcidos durante a viagem astral. Explicação para certas pessoas acordarem renovadas, com a sensação de tarefa cumprida, após realizarem trabalhos significativos no astral e não se lembrarem disso.

No entanto, como a maioria dos projetores, eu também queria aumentar minha lucidez durante a projeção e ainda me recordar de tudo ao despertar no físico. Não saberia dizer se a rememoração era uma conquista da consciência ou do ego, sabia apenas que, naquele momento, eu precisava muito trazer minhas vivências astrais para meu cotidiano.

Concluí que as atitudes projetivas estavam intrinsecamente ligadas às posturas diárias de cada um. Quem quisesse melhorar suas experiências em outra dimensão que se conscientizasse de suas ações, emoções e de seus pensamentos terrenos.

Cheia de energia e novas informações, queria modificar minha vida diurna e desenvolver a noturna, porém, receava voltar a ser a Mei de uma semana atrás, perder a chama antes mesmo de aprender a acendê-la. Então parei de esperar a dádiva de uma projeção guiada, como se referiu Tom, e comecei a praticar alguns exercícios todas as noites para estimular a projeção voluntária. Acenderia a minha própria chama.

Experimentei diferentes técnicas, conforme as dicas lidas. Observei minha imagem em um espelho, imaginei-me inflando feito um balão, fixei o olhar sobre uma vela acesa, visualizei-me abrindo uma janela e voando pela cidade, enfim, uma dúzia de técnicas que em nada me tocavam.

Não havia fórmulas, quanto mais estudava, mais eu entendia o quanto aquele fenômeno era subjetivo e cada experiência, única. Precisava encontrar uma chave, a minha chave, feita sob medida para meu estágio e minha vibração energética.

Avaliei minhas duas primeiras projeções conscientes. Apesar de involuntárias, elas apresentavam dois fatores em comum, a música e o local.

Em Paraty, despertei no astral ao som do piano, e no centro cultural, deixei meu corpo físico durante os ritmos da capoeira. Ambas com música, ambas distantes de casa.

Dormir fora de casa não era possível, porém, a música era fácil de resolver. Fiz o *download* de sons de chuva, animais oceânicos e diversos instrumentos.

Fazia uma semana desde a última projeção. Mesmo que eu tivesse saído do corpo alguma noite, não me recordava de nada e só de pensar nessa possibilidade, ficava desanimada.

Foram as lembranças das duas projeções que me despertaram, deram-me ânimo e esperança. Portanto, não queria abrir mão de minhas memórias, mesmo sabendo que havia pessoas vivendo coisas incríveis fora do corpo, das quais raramente se recordavam.

O sono de Ícaro

Coloquei os fones de ouvido e me deitei. Iniciei um exercício cuja ilustração dos centros de energia ou chacras, como muitos os chamavam, era parecida com a que vi em meu corpo e no de Tom, um pouco antes de perder os sentidos no planeta com três sóis.

Durante a visualização, imaginei uma esfera de luz dourada percorrendo meus principais chacras. Aquele exercício era de longe o melhor que fizera, deixou-me relaxada, senti, inclusive, uma suave pulsação nos centros energéticos.

"É um privilégio adormecer ouvindo o mar", pensei sonolenta, quando as baleias do áudio entraram em ação. O som, inédito para mim, daquelas criaturas oceânicas, acelerou o que os pesquisadores chamavam de estado vibracional. A sensação de correntes elétricas percorrendo meu corpo e os zumbidos em torno da cabeça indicavam uma pré-decolagem do corpo astral.

Levantei-me. O corpo permaneceu imóvel. Examinei o quarto, o físico inerte sobre a cama. Estava fascinada, um tanto eufórica, era a primeira vez que me projetava com plena consciência do que se tratava tudo aquilo.

Fiquei sonolenta. Segundo os textos, a aproximação do corpo físico, assim como as dúvidas e fortes alterações emocionais causavam entorpecimento, angústia e, inevitavelmente, o retorno à matéria.

Os sintomas eram similares aos da minha primeira experiência em Paraty. Porém, desta vez, estava mais esclarecida e procurei manter a estabilidade emocional e controlar meus pensamentos. Fui para a sala na tentativa de não abortar a projeção.

O corpo astral de Divaldo fazia contas, sentado no sofá, absorto, nem me viu. Notei dois homens franzinos, medrosos, deitados debaixo da mesa. Achei aquilo meio bizarro. Perceberam minha repulsa e se encolheram ainda mais, envergonhados.

Lembrei-me de que pensamento era ação no astral e tentei conter minhas impressões, mas não por muito tempo. Surgiu uma mulher enorme, muito gorda, ao lado do meu cunhado. Tinha o rosto desfigurado e as pálpebras roxas.

Ao pressentir que se tratava da falecida mãe de Divaldo, a mulher me encarou com ódio, não queria ser reconhecida, queria atuar incógnita. Senti-me ameaçada.

Outros espíritos transitavam pela casa, alguns eram bem barulhentos. Pensei em meu sobrinho, como se recuperaria naquele ambiente perturbado?

Quando dei por mim, já estava no quarto de Ícaro. O lugar cheirava à lavanda e irradiava uma atmosfera acolhedora, morna. Emitia um som distante, familiar. Lembrei-me vagamente de um dia já ter estado submersa em águas tranquilas, a ouvir ecos do coração... Um convite ao sono. Adormeci.

— Mei, Mei — uma voz me chamou. Despertei sobre um barranco de musgos à margem de um lago. Não era noite, nem dia. A névoa fina que encobria o local deixava a iluminação indefinível.

Olhei em volta, à procura de Tom e notei que várias pessoas se banhavam naquelas águas vaporosas e aromatizadas.

— Escorregue até mim — ouvi.

Deixei-me escorregar. Tom estava com uma criança deitada em seus braços. Reparei que havia milhares de coisinhas se mexendo dentro do lago. A princípio, hesitei, contudo, seu sorriso de boas-vindas me encorajou a entrar em águas tão movimentadas.

— Não tenha medo. São peixinhos dourados — explicou-me.

— Peixes?

— Eles fazem uma espécie de faxina espiritual. Também são ótimos massagistas.

— Por que está banhando este menino?

— Ele passa muito tempo dormindo. O tratamento com os peixinhos pode ajudá-lo.

— Também posso ajudar?

— Sim, vamos deslizá-lo sobre a água — disse, pegando minhas mãos por debaixo da criança.

— Posso fazer uma pergunta constrangedora?

— Claro.

— Faz tempo que você morreu?

— Eu pareço morto? — disse-me rindo.

— Desculpa. Há quantos anos está aqui?

— Faz dois anos que frequento esta dimensão.

— Que idade tinha quando... — queria dizer morreu, mas troquei a expressão para não aborrecê-lo — quando veio pra cá?

— 23.

— Onde morava?
— Argentina.
— Você não tem sotaque. Eu te entendo perfeitamente.
— Tradução simultânea. Eu falo na minha língua, você entende na sua. Podemos fazer isso de forma transmental também.
— Por transmissão de pensamento?
— Exato.

Moderei minha curiosidade, não queria transformar em entrevista aquela experiência tão maravilhosa e almejada. E, em silêncio, continuamos a deslizar o garoto sobre nossos braços, pelas águas mornas do lago.

Jamais recebera massagem alguma na vida, nem física, nem emocional. Naquele momento, senti-me ressarcida através de milhares de peixinhos dourados. Uma sensação divina.

Tom estava fulgurante. Raios cristalinos emolduravam seu rosto. "Como é belo", pensei. "Faça outra pergunta, não pense em nada, ele vai ler seus pensamentos, pergunte, anda logo", ordenava para mim mesma, esforçando-me para bloquear qualquer desejo de abraçá-lo, beijá-lo.

— Você não tem namorado, Mei?
— É tão óbvio assim?
— Não, é só uma pergunta — disfarçou.
— Eu sei que não devia ter certos impulsos neste plano, ainda assim, não consigo evitar — confessei sem jeito.
— Todos nós precisamos dessa troca energética.
— Você também?
— Claro. Mas em seu caso, seria importante uma vida amorosa saudável na Terra para não abortar suas experiências projetivas e, principalmente, para não atrair na

dimensão extrafísica espíritos sedentos de energia densa, verdadeiros sanguessugas.

— Acho que posso controlar meus desejos carnais.
— Reprimir não é a melhor solução. Transmutar, sim.
— Você me ajuda?
— Não sei se sou a pessoa mais indicada pra isso. Nosso último encontro me despertou estímulos adormecidos.
— Aquilo com os chacras?
— Desde aquela experiência, entendi que a criança não era o único propósito de nos conhecermos.
— Criança?
— Logo a reconhecerá — afirmou, observando o menino o qual segurávamos.

Aquele garoto não me era estranho. Foquei-me atentamente em seu rostinho, forcei a memória. Talvez o tenha visto em Paraty, junto das outras crianças. Lembrei-me de Olívia, da sua gestação, da alegria do primeiro banho que dei nele...

— Tom, este é meu sobrinho?
— Sim, é ele.
— Como não o reconheci? Como?
— Acalme-se, Mei. Não se conquista a lucidez da noite para o dia.
— Ignorei meu próprio sobrinho porque só tinha olhos para...
— Para mim?
— Sim. Que vergonha!
— Você se culpa por tudo.
— Acho que...
— Ache menos! — repreendeu-me. — Esta dimensão pode ser muito subjetiva. Seu estado emocional influencia seus sentidos, seu discernimento. Pessoas que

vivem num constante diálogo interno precisam aprender a receber o que vem de fora.

— Vou tentar.

— Você está aqui para ajudar a despertá-lo e, sobretudo, para se despertar.

— Posso saber por que ele passa tanto tempo dormindo no astral?

— Por diferentes motivos, muitas pessoas em coma ou mesmo quando morrem levam anos para acordar no plano espiritual. No caso de Ícaro, as experiências terríveis pelas quais passou acentuaram a fuga pelo sono.

— O espírito dele nunca retorna à matéria?

— Retorna, com certeza. Enquanto houver vida no corpo físico, o extrafísico passa muitas horas semiencaixado nele.

— Em Paraty...

— Ele estava na praia.

— Ele me reconheceu?

— Sim, ele só acordou quando a sentiu entre nós. Mas pedi que as outras crianças o distraíssem. Você não estava pronta para reencontrá-lo.

Tomei meu sobrinho nos braços e o embalei como a um bebê. Depois, cantei uns versinhos que fiz para ele ao nascer.

De repente, compreendi o ambiente extrafísico do seu quarto. Ícaro tinha criado mentalmente um grande útero para se refugiar das loucuras humanas pelas quais passara e para proteger-se dos espíritos indesejáveis que frequentavam sua casa.

— Tia Mei — disse Ícaro, sonolento.

— Sou eu, querido, conversa com a tia — pedi, enxugando minhas lágrimas.

— Brinca com a gente.

Pela primeira vez, em quase um ano, via seus olhinhos abertos. Minha vontade era apertá-lo em meus braços e chorar, chorar muito, contudo, não podia, pois não tinha equilíbrio suficiente para me entregar a tanta emoção, sem abortar a projeção e sem assustar o garoto.

Soltei-o nas águas e brincamos os três. Usufruí de cada segundo, que podia ser o último da minha visita interdimensional.

Algum tempo depois, senti uma fisgada na nuca. Era meu cordão de prata, elo energético entre os dois corpos, puxando-me de volta ao plano físico.

Levantei-me para aliviar a bexiga e, ao voltar para o quarto, as lembranças vieram em blocos, sequenciadas desde o momento de meu desprendimento astral.

Escrevi sobre tudo que recordava. A rememoração intensificou minha saudade de Ícaro, de Tom, de toda pátria espiritual. Um encontro tão fugaz, porém, guardado para o resto da minha vida.

Durante a manhã, refleti sobre o comentário de Tom. Se meu sobrinho não era o único propósito para nos conhecermos, qual seria o outro?

Minhas culpas

Se Divaldo deixasse um objeto cair, ele diria que algum barulho o assustou. Se ele escorregasse no banheiro, alguém não enxugou o chão direito. Se tropeçasse, maldito sapato! Ninguém escapava de suas sentenças. Éramos todos culpados.

No primeiro ano de convívio, Divaldo apossou-se de nossa história com a mesma naturalidade que o fez com nossos bens e, durante seus ataques de nervos, culpava-me pelo suicídio de minha mãe e pelo abandono de meu pai.

Mais tarde, ele atribuiu a demora para Olívia engravidar às preocupações da esposa com minhas amizades na escola.

Nunca me defendi com paixão, acostumei-me ao papel de ré passiva, afinal, Divaldo só estava dando continuidade, com uma dose a mais de perversidade e propósitos diferentes, ao que minha mãe sempre fizera comigo. Raras vezes, Olívia ficou do meu lado, às vezes, aconselhava-me, era seu jeito de concordar com o marido, sem brigar comigo.

O tempo foi passando e a cada ano meu cunhado me declarava causadora de qualquer drama familiar. Até que um crime maior, terrível, somou-se às suas acusações sobre mim. A responsabilidade pelo rapto do meu sobrinho.

Festa junina. Minha irmã trabalhava de voluntária na barraca de espetinhos. Ícaro, na época com cinco anos, brincava com os meninos da rua, próximo a Divaldo, que bebia com outros homens.

Fui à quermesse com Anderson. Fazia meses que ele me chamava para sair. Demorei, contudo, aceitei. Morador novo no bairro, ele era educado, inteligente e muito paquerado. O rapaz era investigador da polícia.

Em meus vinte anos de vida, beijara apenas dois rapazes, experiências comuns, insignificantes. Tinha poucas expectativas com relacionamentos. Na verdade, a intimidade me causava estranheza e desconforto.

Cheguei a pensar que o investigador seria o homem certo para enfrentar minhas barreiras emocionais, talvez por isso, tenha levado tanto tempo para aceitar sua companhia, estava deixando a ideia se fortalecer dentro de mim.

Por outro lado, meses depois dessa noite, levantei a hipótese de ter hesitado em sair com ele por tantos meses porque pressentira que algo terrível aconteceria no exato dia de nosso encontro.

Ligava o fato de ter aceitado sair com Anderson com o sumiço de meu sobrinho. Lá estava eu vestindo a carapuça que Divaldo impôs a mim. No entanto, com ou sem culpa, aquela noite marcaria nossas vidas para sempre.

O rapaz e eu conversávamos sobre medicina forense quando minha irmã veio à procura de Ícaro. Disse-lhe que a última vez que o vira foi junto ao pai, na barraca de quentão.

Divaldo chegou bêbado, gritando que na ausência de Olívia a responsabilidade era minha sobre o menino. Anderson tentou acalmá-lo e rapidamente organizou uma busca com os vizinhos em torno da praça da quermesse e ruas próximas.

A festa estava lotada, com moradores do bairro e muitas pessoas de fora também. Embora preocupados, pensávamos que era apenas uma questão de tempo, até encontrar Ícaro brincando no meio da multidão ou no quintal de algum amigo da escolinha.

Duas horas depois, o desespero. Anderson acionou a polícia, e iniciaram os procedimentos padrões. Divaldo me chamou de nomes horríveis, parecia mais preocupado em me ofender a participar das buscas e só não me agrediu fisicamente porque o investigador o agarrou pelo colarinho e o lembrou de seus deveres de pai, deixando-o de sobreaviso: "Se tocar um dedo na Mei, é pra mim que você vai prestar contas, tá ouvindo?".

Olívia pouco interferiu no chilique do marido. Sofria calada e deixava para ele o serviço sujo de me fazer bode expiatório do descuido de ambos.

Um mês antes daquela trágica noite, decidira que meus dias de gata borralheira se acabariam. Exigiria na justiça a metade do valor de nosso apartamento vendido por eles. Andava farta de carregar o peso das ações e responsabilidades alheias. Já não enxergava em Olívia uma jovem insegura e submissa, mas uma mulher manipuladora. Percebi que Divaldo, muitas vezes, não passava de um ventríloquo de minha irmã.

Na época, nem minha falecida mãe escapava de meus julgamentos. E uma crescente raiva dela foi me dominando, afinal, ela foi a primeira juíza a me condenar. Anos após sua morte, todo meu rancor e minha mágoa estavam prestes a emergir. Finalmente, daria motivos para Olívia e Divaldo me culparem por suas desgraças.

O medo de possíveis reinvindicações rondava o casal fazia tempo, todavia, disfarçavam bem, cobrando-me um preço alto pelos erros que não cometi. Uma forma sádica que encontraram de adiar, de preferência para sempre, nosso acerto de contas na justiça.

Orixan apoiou plenamente minhas intenções e ofereceu-me um quarto, posto que o clima ficaria insuportável na casa de minha irmã. Porém, nada aconteceu, meu processo catártico foi silencioso. Exceto meu amigo, ninguém mais soube do meu plano de processar o casal e sair de casa, pois tudo mudou no mês seguinte, com o drama que se abateu sobre nós.

Cinco dias após o sumiço de Ícaro, um grupo de jovens encontrou os corpos de três garotos em um matagal. Todos desaparecidos em quermesses dos bairros vizinhos.

As crianças sofreram abuso e foram estranguladas. A hipótese dos investigadores era de que o psicopata não enterrou as crianças devido à aproximação dos jovens no exato momento que ele desovava os corpos. Quando a polícia chegou ao local, descobriram que um dos meninos ainda vivia. Era meu sobrinho.

Ícaro foi internado somente com um fiozinho de vida. Para a surpresa dos médicos, seus sinais vitais se estabilizaram em alguns dias, no entanto, ele era incapaz de reagir aos estímulos. Dormia, acordava, executava suas funções fisiológicas, apesar disso, não esboçava reação alguma.

O estado vegetativo se deu devido aos danos provocados pela falta de oxigênio no cérebro, causada pela asfixia. Segundo os peritos, meu sobrinho desmaiou no princípio do estrangulamento, o que induziu o criminoso a pensar que ele já estava morto.

Por Ícaro, suportei as grosserias de Divaldo, a indiferença de Olívia comigo e a atmosfera sombria que dominou a todos nos meses seguintes. Por amor ao meu sobrinho, prometi a mim mesma que sairia daquela casa logo que ele apresentasse melhoras, levando apenas meus pertences, sem ameaça de brigas na justiça, que seriam tão nocivas a ele também.

Meus amigos

A tragédia familiar completaria um ano no próximo mês. Os vizinhos já se organizavam para as festas juninas. Passavam em todas as casas, convocando voluntários, arrecadando prendas.

A sensatez os impedia de tocar nossa campainha, porém, as crianças não poupavam o mercadinho. Todos os dias, pediam doações para a quermesse. Divaldo botava a turminha para correr, enfurecido.

Sonia e Orixan prepararam um jantar para comemorarmos meu aniversário de 21 anos. Meu amigo sabia que, em condições normais, Olívia raramente me fazia um bolo. Naquele ano, então, não seria diferente, talvez pior se eu ficasse em casa.

A origem do meu amigo era nebulosa, dizia-se angolano, porém, cresceu num orfanato da cidade. Foi adotado aos oito anos pelo senhor Seiji, japonês viúvo, dono de uma enorme horta cultivada no terreno detrás da casa, lugar em que Orixan montou seu terreiro de candomblé e sua escola de capoeira, após o falecimento do pai adotivo. No quintal, ainda havia muitas ervas e muitos condimentos, o que sobrou da grande horta, além de cachorros e gatos circulando livres. Não trabalhava com sacrifícios de animais, opção que lhe rendeu poucos adeptos desde que montara o próprio terreiro.

Orixan lutava como ninguém. Musculoso e belo, lembrava as divindades africanas que ilustravam suas paredes. Costumava brincar, vaidoso, que ele não era humano, mas uma força da natureza. Tinha o pavio curto, especialmente com os homens. Tolerava seus alunos do sexo masculino por serem maioria, caso contrário, ganharia seu pão, treinando somente guerreiras.

Habituado a um ambiente místico, sempre com defumadores queimando, no dia do meu aniversário, Xan deu à sua casa ares de festa infantil. Decorou o quintal com balões coloridos e montou até uma mesa de doces.

Fui recebida por Juan, filho de Sonia, que estava mais eufórico que eu, a aniversariante. A dedicação e o carinho de meus amigos me comoveram.

— Mei, atende a campainha — gritou Sonia da cozinha.
— Estranhei. Pensava que jantaríamos apenas os quatro.

Orixan me comunicou rindo que havia convidado Anderson. Quis sumir. Achava nossos encontros constrangedores. Na época em que Ícaro retornou para casa, o investigador ainda me chamou para sair algumas vezes, entretanto, rejeitei todos os convites, sendo que o último foi dramático, disse-lhe que não me procurasse mais, pois não queria me envolver com ele.

Eu não conseguia desvincular nosso primeiro encontro do evento traumático. Após o rapto de meu sobrinho, levei meses para desassociar desejo sexual de perversão sexual e, quase um ano depois, ainda me sentia desconfortável diante da possibilidade de uma relação íntima com alguém, tendo em conta que nunca aceitei isso de maneira espontânea.

Abri a porta. Para a surpresa de todos, o investigador apareceu com alguém. Regina, loira, extravagante, montada para a exibição.

Anderson apresentou a moça como uma amiga, no entanto, ela mesma tratou de corrigi-lo:

— Amiga não, gato, sou sua ficante.

Senti que aquilo não estava sendo fácil para ele. Regina parecia incomodá-lo. Vir acompanhado, talvez para mostrar que podia ser desejado por alguém, não foi a melhor decisão.

Anderson me presenteou com uma caixinha de música. O presente me trouxe recordações tristes. Como me esquecer do objeto com o qual minha mãe pulou abraçada do décimo quarto andar. Entretanto, procurei afastar a lembrança e agradeci ao rapaz com um abraço sincero.

Quebrado o gelo inicial, o jantar foi servido em clima festivo. Música agradável, boa comida, pessoas conversando, procurei absorver a beleza daquele momento e renovar a relação com Anderson. Não queria que seus sentimentos por mim se transformassem em rancor, nem os meus por ele, em pena. Queria um amigo, se possível.

Regina mostrou interesse nas atividades de Orixan, pondo em alerta as antenas de Sonia.

As perguntas curiosas do pequeno Juan lembravam o jeitinho de Ícaro, ambos tinham a mesma idade, provavelmente brincariam juntos, se meu sobrinho estivesse recuperado. Contudo, não me entristeci ao pensar em sua condição física, pelo contrário, saber que meu sobrinho também perguntava, brincava, sorria em outra dimensão, deixou-me plena de felicidade.

— Seus olhos estão brilhando. Está pensando em quê? — perguntou-me Anderson.

— Só pode ser no namorado! Cadê ele? — interrompeu Regina, investigativa.

— Ele vinha, mas mudou de planos — provocou Orixan, encarando Anderson.

— De onde ele é? — insistiu a loira, desconfiada.

— Da Argentina — respondi, encerrando o desconforto da moça, que já tinha reparado como seu ficante me olhava.

A resposta deixou a todos intrigados, sem saberem ao certo se eu brincava ou não. A mim, fez-me tão bem aquela afirmação. Mil vezes responderia Argentina, mil vezes Tom. E cada vez que evocava seu nome em pensamento sentia o sol a pulsar em meu peito. Ícaro e Tom, experiências tão inspiradoras. Como meus olhos não brilhariam?

— Você trabalha em confecção, Sonia? — quis saber Regina.

— Não é porque sou boliviana que trabalho em confecção!

— Ela não quis dizer isso — consertou o investigador.

— Trabalho na loja dos meus pais — explicou Sonia.

— Loja de roupa? — cutucou a loira.

— Contrabando! — brincou Sonia, fazendo todos rirem, menos Regina, que já dava sinais de insegurança.

— Mei é apelido? — perguntou a moça.

— Não. É Mei, mesmo. É maio em inglês.

— No bolo não está escrito certo em inglês — provocou Regina.

45

— Minha mãe não queria que errassem na pronúncia.

— Coisa de pobre — ironizou.

— Regina, dá um tempo — advertiu o namorado.

— Pobre? Minha amiga não foi sempre daqui. Graças ao seu nome que a gente se conheceu — contou Orixan.

— Lá vem... Eu já ouvi quinhentas vezes essa história, sei de cor todos os detalhes — reclamou Sonia.

— Mas eu não sei, conta — pediu Anderson.

— Eu tinha doze anos e a Mei, quase onze, quando ela entrou na escola do bairro.

— Eu e a Ayumi — completei.

— O grande amor da vida dele — informou Sonia.

— Ayumi era a neta do seu Seiji, meu pai adotivo. Quando seus pais perderam tudo num negócio arriscado, eles se mudaram pro bairro.

— Eu e Ayumi — continuei a história — entramos no colégio na mesma época, ficamos amigas de cara e a notícia das duas burguesinhas de nomes esquisitos correu a escola inteira. Todo mundo ficava nos zoando, queria nos pegar na saída.

— Então o herói surgiu para salvar as garotas — brincou Anderson.

— Com um nome mais excêntrico do que as duas — provocou Sonia.

— Se chamássemos Ketlen, Daiane e Richard, acho que não se importariam, havia alguns na escola — lembrou Xan.

— O nome Orixan realmente é esquisito! — afirmou Regina.

— Ninguém tinha coragem de caçoar do Xan. Era temido por todos — expliquei.

— No começo, uns dois anos antes das meninas entrarem na escola, todo mundo me zoava porque eu era filho adotivo do japonês da horta. Imagine um negro, filho de japonês, chamado Orixan! Tive que dar muita porrada pra impor respeito.

— Eu, Orixan e Ayumi formávamos o trio fantástico. Éramos inseparáveis.

— Só se separavam quando ele pegava a japa — comentou Sonia com ciúmes.

— E o que aconteceu com ela? — quis saber Anderson.

— Ayumi se mudou com os pais para o Japão — respondi.

— Orixan sofreu tanto que o seu Seiji teve até que levá-lo pro psicólogo — revelou Sonia.

— Vamos cantar parabéns — sugeriu Regina, entediada.

Percebi que a indelicadeza da moça incomodou Anderson, por isso, antes que a energia alterada da loira quebrasse a ótima sintonia do grupo, concordei em acelerar com o bolo.

As raras vezes que minha mãe planejou fazer uma festa de aniversário para mim, acabava por desistir. Vivíamos ao sabor de seu ânimo. Por isso, quando Orixan acendeu as velas de estrelas e chuvas de prata sobre meu lindo bolo, pensei que a comemoração com a qual sempre sonhei veio no ano certo, visto que vela nenhuma teria iluminado meu coração nos anos anteriores, se não houvesse a boa vibração que sentia naquela noite.

Orixan me presenteou com uma coletânea de CDs *new age*, pois já tinha percebido meu novo interesse por sons diferenciados.

Na hora do brinde, não escapei do discurso:

— Quando o Anderson me deu uma caixinha de música, eu pensei, puxa, não tenho nada de valor pra guardar nela, mas, pensando melhor, eu estava errada, porque eu tenho algumas joias em minha vida. Só aqui, tenho quatro. Orixan, meu irmão, Sonia, minha amiga, Juan, nossa alegria, e você, Anderson. Espero que a nossa amizade se renove a partir de hoje. Obrigada, meus queridos amigos.

— Saúde — brindamos todos.

— Ah... também quero agradecer a presença da Regina, que pacientemente ouviu nossas histórias — completei, para que a moça não se sentisse mais excluída do que já estava.

— Corta logo o bolo, Mei — choramingou Juan.

— Não se esqueça de fazer um pedido — lembrou Sonia.

Cortei, porém não desejei nada. Queria continuar aberta para o desconhecido.

Regina comeu uma pequena fatia e despediu-se, fazendo insinuações deselegantes do lugar para onde iria em seguida com o namorado.

Constrangido, o investigador levou a moça para o carro e voltou para se despedir com calma.

— Mei, você sabe que se me pedisse, eu levaria aquela mulher para casa e voltaria aqui no minuto seguinte, não sabe?

— Tem muita menina bacana querendo o mesmo que você, Anderson. Eu tenho certeza de que vai encontrar alguém especial.

— Pode ser — disse, chateado.

Templo de Cristal

Antes de me deitar, coloquei para tocar um dos CDs que ganhara de Orixan. Apesar do volume baixo, o som se propagou por todo o quarto.

Dos instrumentos, identifiquei apenas a flauta e o sino dos ventos. Passei anos escutando rádios populares e canções de novelas, não possuía conhecimento, nem escolha musical apurada, todavia, conseguia sentir a música em todo o seu esplendor.

Iniciei meus exercícios de visualização, desta vez, imaginei uma grande flor lilás se abrindo no topo de minha cabeça. A visualização tomou vida própria e sem que eu desejasse, as pétalas foram se desprendendo e uma chuva floral banhou meu corpo.

Minutos depois, questionei-me: "Que estranho, como posso abrir meus olhos se sinto meu corpo dormindo?". Então constatei que já tinha me desprendido da matéria, pois os olhos abertos não eram do meu corpo físico, mas do meu psicossoma, termo que muitos pesquisadores usavam para designar o corpo astral.

Levantei-me com o propósito de averiguar a condição extrafísica da casa. Em minha última projeção, surpreendeu-me todos aqueles espíritos perturbados a circular à vontade pelo ambiente.

Queria arranjar um jeito de expulsá-los, principalmente a mãe de Divaldo. A sua péssima energia alimentava ainda mais os desequilíbrios do filho.

— Você não está preparada — uma voz me disse — siga as ondas sonoras.

Compreendi que o aviso se referia às minhas intenções de limpar a casa. Realmente, eu teria de adiar meus planos porque não fazia ideia de como lidar com espíritos assediadores.

Quanto às ondas sonoras, não entendi o que a voz queria dizer. O som do aparelho não me era mais perceptível. Concentrei-me. Ouvi uma música a distância.

Uma longa corrente formada por milhares de borboletas coloridas surgiu atravessando as paredes de meu quarto. Na hora, soube que se tratavam das ondas sonoras. Não hesitei, agarrei na ponta da corrente viva e fui mundo afora, de carona com as borboletas astrais.

Viajamos sobre a cidade, transpassamos nuvens e luzes, até chegarmos ao âmago da canção. As borboletas me pousaram sobre um enorme pátio.

A magnificência do lugar me deixou boquiaberta. Era todo feito de pedras. Logo na entrada, os visitantes passavam por uma gigante estátua hindu esculpida em jade. O piso de quartzo rosa cobria todo o pátio até o palco, que sustentava uma concha acústica de cristal puro.

Centenas de pessoas assistiam a um recital de voz e harpa. Havia três grupos de espectadores. O primeiro estava próximo ao palco, sentado em posição de lótus, logo atrás, o segundo, de pé, com os olhos fechados e as mãos espalmadas para cima e o terceiro, em volta da plateia, dançando livremente. Decidi me juntar ao primeiro grupo.

A cantora lírica, uma senhora de cabelos cinzentos e olhos cor de violeta, era dona da voz mais pura e bela que já ouvi em toda minha vida.

O som da harpa era inspirador. Eu nunca tinha visto o instrumento pessoalmente e raramente o ouvia.

No ângulo em que me sentei, não podia ver o rosto do harpista, notei apenas os ombros largos, os cabelos castanhos acima dos ombros. Lembrei-me de Tom.

"Mas ele cuida de crianças, não participa de concertos", pensei. Neste momento, ele se virou para mim e piscou. Era Tom. "Feliz aniversário, Mei", ouvi-o por telepatia, "dedico este recital a você".

Senti algumas gotas caindo, imaginei que fosse chuva, então, percebi meu rosto molhado. Eram lágrimas. Eu estava tão profundamente tocada que o pranto brotou de meus olhos muito antes de percebê-lo. Não conhecia lágrimas de pura felicidade até aquele dia.

Após o recital, a multidão se dispersou. Tom me convidou para um passeio pelo Templo de Cristal, lugar extrafísico dedicado especialmente à música.

— Penso que ficou surpresa em me ver tocando. Esqueceu-se da nossa primeira conversa na praia?

— Algumas coisas.

— Você me perguntou o que eu fazia...

— Claro, agora me recordo, você me disse que estudava música.

— Na Terra, era guitarrista de uma banda de *rock*.

— Era tão bom quanto na harpa?
— O público não reclamava.
— Era famoso?
— Não. Estávamos começando, mas já tínhamos fãs.
— Por que você...
— Drogas. Como não podia tocar vinte quatro horas, tentei estender o prazer que a guitarra me dava de outras formas.
— Se a guitarra mexia tanto assim com você, não podia simplesmente ouvir outros guitarristas em vez de se drogar?
— Eu não era um bom ouvinte nessa época.
— Entendo.
— O som da guitarra deve ser usado para revigorar, inspirar, entretanto, eu vivia centrado em mim mesmo, preso numa frequência vibratória destrutiva. Um desperdício de energia. Aqui, aprendi que quaisquer instrumentos e manifestações sonoras podem gerar motivação, cura, prazer, equilíbrio emocional, assim como alienação, manipulação, sofrimento e mais, muito mais.

Enquanto Tom me falava sobre o universo da musicoterapia, sua área de pesquisa, passamos ao lado de um jardim repleto de pessoas deitadas em blocos de cristais.

Ao som de canções orientais, um chinês ia de bloco em bloco, medindo a aura de cada pessoa. Segundo Tom, era uma forma de estudar as influências da música sobre o campo áurico.

— Ícaro está dormindo em algum lugar?
— Desde nosso encontro no lago, seu sobrinho nunca mais entrou em sono profundo.
— Posso vê-lo?
— Hoje não. Ele está no pomar das crianças.

— O que é isso?

— É uma escola infantil. As crianças têm aulas sobre energia, cosmoética, reencarnação.

— E elas entendem?

— Sim. São almas antigas em corpos infantis, embora muitas mantenham o nível de consciência de uma criança, como Ícaro, que ainda está ligado à carne.

— E aquelas que desencarnaram, por que se mantêm crianças?

— Algumas deixaram a Terra com pouca idade e ficaram apegadas à forma infantil, outras querem se preparar para a primeira fase da vida na próxima encarnação. Cada uma tem seu motivo para se manifestar como criança.

Caminhamos um pouco mais, quando avistei algo tão curioso quanto um chinês medindo auras. Uma substância gasosa pairava sobre o campo de girassóis.

Tom me explicou que o fluido energético produzido pela flor servia para diversos fins, como a aplicação sobre os chacras dos músicos terrenos que trabalhavam com propósitos mais elevados.

Não resisti e corri para os girassóis. Fui engatinhando para dentro do campo e sentei-me, rindo da minha travessura. Senti-me pequenina entre seres tão grandes e sábios.

— Sempre foi ligada ao reino vegetal? — questionou Tom, surgindo ao meu lado.

— Ah... Tom, me impuseram tantas limitações que mal conheço minhas aptidões e meus gostos.

— O que chamamos de limitações, na verdade, são desafios emocionais, intelectuais e sociais.

— Tudo parece tão difícil quando sentimos culpa e raiva.

— E também quando estamos alienados, inertes, condicionados — completou, traduzindo minha condição psicológica.

— Só uma vida não basta pra resolvermos tudo isso.

— Por isso, retornamos à Terra tantas vezes.

— Agora você está livre.

— Estou em regime semiaberto — disse rindo.

— Espero que me espere morrer, para reencarnarmos na mesma época.

— Recentemente soube que meu retorno ao físico está próximo.

— Por que tão cedo?

— Ícaro não foi a única razão de nosso encontro.

— Já me disse isso no lago. Então, por que nos conhecemos?

— Para que você acordasse em mim estímulos adormecidos, desejos terrenos.

— E eu fiz isso?

— Sim, como ninguém. Eu não queria deixar o plano extrafísico porque estava com medo de errar mais uma vez. Você ajudou a me despertar o desejo de enfrentar as provas, de buscar o prazer saudável, com mais amor e discernimento.

— Como posso ajudar a despertar aquilo que não tenho?

— Eu acredito na sua força. Não desperdice seu talento extrafísico. Pare de se criticar, olhe para frente, menina.

— E o que devo fazer?

— Mei, eu não tenho todas as respostas. Na hora certa, seus mentores vão aparecer para ensiná-la, relembrá-la do ofício esquecido.

— As pessoas não deveriam se esquecer da dimensão espiritual, nem das outras encarnações.

— Há muitas razões para esse esquecimento providencial.

— Já nos conhecíamos?

— Sim. Faz pouco que me recordei disso.

— Na Terra, me esquecerá de novo?

— É muito provável que sinta saudade sem saber de quem.

— Desde que me abraçou na praia, senti que estávamos ligados — confessei, acariciando seus cabelos.

Seus olhos brilhavam feito dois cristais vidrados nos meus. Desta vez, não inibi minha vontade. Hesitante, toquei meus lábios nos seus, à espera de alguma reação.

Interrompi a ação, um tanto constrangida.

— Espíritos se beijam? — perguntei a ele.

Tom me respondeu com um beijo longo, único, tão prazeroso quanto a seiva astral dos girassóis que interpenetrava meu ser.

"Amor, amor, amor", era a palavra que brotava repetidas vezes em meus pensamentos. O mantra mais simples e mais belo que jamais entoei. E esse amor foi crescendo, inflando, deixando de ser uma palavra para virar um sol em meu peito.

Sentados frente a frente, espontaneamente, meu corpo se encaixou ao dele. E todos nossos chacras pulsaram no mesmo ritmo, em plena expansão.

Quando nossos centros energéticos se fundiram num só, inundados de felicidade, jogamos nossas cabeças para trás e entramos em êxtase espiritual.

Passada a sublime sensação, abri os olhos. Claridade intensa. Nada possuía forma. Éramos um esferoide de luz, tais como os outros seres que nos circundavam.

Compreendi que nossas consciências foram arrebatadas para outro plano. No entanto, não podia absorver tamanha abstração. Não tinha estrutura para compreender aquela dimensão avançada de luz. Perdi os sentidos.

Maldades

Ao dormimos, nossa consciência se depreende do corpo físico. Os veículos, ou seja, os corpos que a consciência usa para se manifestar no plano extrafísico são dois: o psicossoma, mais popularmente chamado de corpo astral, uma cópia exata da nossa forma física, e o mentalsoma.

Mentalsoma significa corpo mental. É a sede de nossa consciência. Não possui forma e sua manifestação é mais difícil, sendo alcançada por meio de sentimentos elevados e raciocínios complexos.

Foi com essa leitura e tantas mais que passei a manhã, no caixa do mercadinho. Precisava saber mais sobre o plano mental, lugar onde estive antes de perder os sentidos.

Embora ainda encantada com a experiência vivida com Tom, entre um suspiro e outro, segui com as pesquisas e meus relatos astrais.

Somente uma lembrança ameaçava minha inspiração, o renascimento de Tom. Pensar nisso me entristecia demais. A repercussão da notícia de sua partida parecia muito mais negativa na vida intrafísica do que no astral.

A densidade terrena, minha qualidade psicoemocional e a atmosfera do ambiente tornavam meu ponto de vista sobre sua reencarnação muito mais dramático.

Fiz cálculos. Passaria dos quarenta quando ele atingisse minha idade atual. "Hoje em dia, isso é cada vez mais normal", tranquilizei-me. Porém, agora que sabia da sua existência, suportaria ficar mais de vinte anos sem vê-lo?

Será que ele se projetará na forma de criança? Renascerá homem ou mulher? Isso não importa, o corpo mental não tem idade, sexo, etnia. Quando Tom reencarnar, vou procurá-lo no astral, escrevi em meu relato.

Divaldo me olhava de soslaio, raivoso. Não queria que eu lesse, nem escrevesse no trabalho. A personalidade de meu cunhado, unida ao assédio de sua mãe, produzia combustível suficiente para abastecer o rancor de ambos contra o mundo.

Eu era apenas uma criança, quando Divaldo entrou em minha vida. Não era fácil desvincular a história problemática que tínhamos com meu estado atual de consciência. Deus era testemunha da força que reuni para tentar tratá-lo com mais simpatia, ignorar suas grosserias e ainda emitir a ele pensamentos sadios. Estava começando a aprender que estudar espiritualidade de costas para os desafios terrenos era fuga, não desenvolvimento.

Na hora do almoço, Sonia me ligou, pedindo que fosse acalmar Orixan. Alguém envenenara sua cachorrinha mais velha. Saí imediatamente para a casa de meu amigo.

Orixan estava no quintal dos fundos, sentado havia horas sobre o mesmo chão onde encontrara sua cadelinha morta.

Nunca o tinha visto tão parado. Na época que Ayumi partiu para Japão, ele recusou comida por vários dias. Quando o senhor Seiji morreu, ele não deu aula por um mês. Entretanto, nunca parou, estava sempre em movimento.

Lilica, a pequena vira-lata de 14 anos, estava em seus braços. Os outros cachorros e gatos permaneciam deitados ao seu redor. Uma cena comovente. Compreendi que Orixan e seus amigos velavam a cadelinha. Sentei-me junto deles.

— Irmãzinha, olha só a maldade que fizeram com a minha bichinha — quebrou o silêncio, chorando feito criança.

— Uma covardia.

— A Lilica era bobinha, comia tudo que a gente dava. Não conhecia a crueldade dos homens — contou aos soluços. — Dói perder um animalzinho, ainda mais assim, assassinado.

— Desconfia de alguém?

— Tenho uns vizinhos ignorantes, que me olham torto por causa do terreiro. Mas eu não tenho prova. Foi de madrugada, nem sei por onde começar a investigação.

— Podemos pedir a ajuda do Anderson.

— O cara é gente boa, mesmo assim eu não quero polícia envolvida.

— Ele pode ajudar.

— Nem pensar.

— Orixan, a vingança pode complicar sua vida.

— Tá me estranhando, Mei? Eu sou da paz. Só quero dar um susto no desgraçado, pra ele nunca mais maltratar animal nenhum. Você acha que polícia tá preocupada em punir essa gente que machuca os bichos?

— Às vezes.

— Só quem pode me ajudar é minha mãe Iansã. Ela vai me revelar o maldito.

Orixan estava certo de que o envenenamento fora obra masculina. Acreditava como ninguém na tendência feminina para o bem. Provavelmente, suas convicções eram frutos de suas experiências positivas com as mulheres.

Meu amigo enterrou Lilica no próprio jardim. Sobre sua pequena cova, queimou defumadores e espalhou flores. Aos prantos, rogou a Iansã que lhe apontasse o responsável por interromper a vida daquela criatura indefesa.

Fui embora preocupada. Qualquer mensagem mal interpretada tornaria culpado um inocente. Queria ajudar meu amigo, contudo, não sabia como.

"Posso encontrar Lilica no mundo extrafísico? Os animais têm alma? Se há peixes no astral, supostamente haverá cachorros, gatos e toda fauna", passei o resto do dia conversando com meus botões.

O lado oculto

Fui para a cama mais cedo, pois Divaldo me impediu de ler para Ícaro, como eu fazia quase todas as noites, desde seu primeiro ano de vida. Olívia deu uma explicação ridícula, disse que o filho ficou cansado com os novos exercícios aplicados pela sua fisioterapeuta.

Desconfiei de que o casal estivesse fuçando minhas pesquisas e relatos projetivos. Senti-me enojada, invadida. Eles não queriam aprender, tampouco, esclarecer comigo do que se tratava tudo aquilo. Desejavam, apenas, controlar minha privacidade para tirarem suas próprias conclusões preconceituosas e maliciosas.

O envenenamento da cachorrinha e a tristeza de meu amigo me deixaram chateada, entretanto, o que me perturbava de verdade era o comportamento de Olívia e Divaldo.

Pressentia que estava cada vez mais próximo o dia em que cumpriria minha promessa de sair daquela casa quando meu sobrinho apresentasse melhoras.

Se por um lado, o corpo físico de Ícaro permanecia imóvel havia quase um ano, por outro, o seu corpo astral voava livre. Mais do que melhoras, Ícaro apresentou a cura espiritual.

Adormeci. Infelizmente, sem música, sem visualização, sem a mesma felicidade com que acordara naquele dia.

Desejava visitar Ícaro ao lado de Tom, porém, minha consciência despertou no terreiro de Orixan.

O lugar parecia uma enfermaria. Espíritos vestidos de branco circulavam de um lado para outro, ignorando minha presença.

Fiquei impressionada com a enorme fila na porta do terreiro, que se estendia por toda a rua. Pessoas de diferentes tipos e idades, portando plantas, aguardavam a vez de serem atendidas.

"Onde estão as entidades ligadas ao candomblé?", questionava, quando ouvi um latido vindo do jardim.

Sentada num banquinho entre as ervas, uma moça negra acenou para mim. Aproximei-me.

Era formosa, tinha os pés descalços, um vestido de algodão cru e miçangas nos cabelos. E, para minha surpresa, trazia em seu colo Lilica, mais viva do que nunca.

Fiquei muito feliz em vê-la. Sem dúvida, Xan ficaria radiante ao saber da vivacidade de sua cadelinha no plano extrafísico.

— Axé, menina — cumprimentou a moça.

— Axé.

— Qual é a pergunta?

— Isto aqui não se parece em nada com o terreiro do Orixan. O que é isso?

— Hospital botânico. Já está aqui há décadas. O velho Seiji não abre mão do lugar e nem quer compartilhá-lo conosco. Só nos concede espaço durante as cerimônias por respeito ao filho.

— Orixan sabe disso?

— Sim, mas é teimoso, acha que um dia vamos todos conviver em paz. Ele não devia ter montado nossa casa aqui. Sua insistência está afastando a todos.

— Menos você.

— Não costumo abandonar meus filhos.

— Iansã?

— Diga.

— Não acha esquisito um hospital botânico? — eu quis saber. A moça soltou uma gargalhada antes de dar a resposta:

— Tem gente pra tudo, menina bonita, inclusive pra cuidar dos vegetais.

— As pessoas da fila são desencarnadas?

— Não. São como você. Durante o sono, trazem suas plantas fracas e doentes para serem tratadas aqui.

— Elas se lembram no dia seguinte?

— Raramente.

— Ontem eu estive num campo de girassóis astrais — comentei com uma empolgação quase infantil.

— Como é bom amar — disse Iansã rindo.

— Preciso de uma informação...

— O velho está chegando — disse, interrompendo minha frase. — Cansei de negociar com aquele japonês. Diga ao meu menino que a criatura que ele procura é o Zé Roxo. Axé, mocinha.

Com Lilica nos braços, Iansã desapareceu, deixando no ar um perfume amadeirado e uma ótima impressão. Tinha altivez de princesa e carisma de rainha.

Calculei que ela estivesse se referindo ao assassino de Lilica, afinal, era essa a informação que pediria. No entanto, antes de avisar Orixan, resolvi me inteirar melhor do caso.

Ciente do local e da pessoa, transportei-me para a casa de Zé Roxo. Ele morava sozinho na parte superior da sua loja de produtos de limpeza, localizada na avenida principal do bairro, bem em frente ao mercadinho de Divaldo.

O homem tinha uns cinquenta e poucos anos, era simpático, falante, um comerciante querido pela comunidade local, não havia nada que o desabonasse publicamente.

Mantive-me concentrada em cada detalhe da casa, não podia sintonizar apenas o plano extrafísico, pois talvez perdesse contato visual com o físico. Não tinha domínio para transitar nas duas dimensões, todavia, me esforcei para captar ambas.

Na sala, vidrado no computador, Zé assistia a um vídeo de violência que explorava o sofrimento animal como espetáculo. Eram cenas de touradas, rinhas, caçadas, abatedouros clandestinos e outras obras grotescas do ser humano.

O ambiente pesado me causou uma terrível dor de cabeça, achei melhor, então, percorrer o resto da casa. Encontrei várias caixas de veneno de rato no estoque, soube, por intuição, que se tratava do mesmo produto usado para matar Lilica e centenas de animais, ao longo dos anos.

Após a sessão de horrores, Zé Roxo saiu de bicicleta, sem levar nada, sua intenção era rondar a região, estudar a próxima vítima.

A noite estava fria, ele colocou o capuz do agasalho. Com o nevoeiro espesso, dificilmente seria reconhecido por alguém. Resolvi segui-lo.

Ele se enveredou para a parte mais precária do enorme bairro. Circulou por ruas mal iluminadas, sem asfalto, sem árvores, onde os cães magros futucavam os lixos empilhados nas esquinas, e os gatos famintos se atracavam sobre as telhas de amianto.

Um terreno baldio, no final de uma ruazinha esburacada e sem saída, chamou a atenção de Zé, que pedalou frenético para o local. Dois cavalos estavam amarrados numa cerca.

Um lugar de dar arrepios. A luz do poste estava queimada, e os cavalos, apesar de aquecidos com mantas, pareciam agitados. Zé desceu de mansinho da bicicleta e ficou admirando os animais, tomado por ideias malévolas.

Eu precisava fazer alguma coisa, denunciá-lo à polícia, à população. Mas o que aconteceria? Quando muito, ele mudaria de bairro e voltaria ao crime.

Antes de qualquer providência terrena, talvez pudesse ajudar o desequilibrado. "Quem sabe posso despertá-lo para o bem? Tirá-lo dessa hipnose maligna", refleti.

Movida por bons pensamentos, toquei em seus ombros e rezei a única prece que conhecia, o pai-nosso.

Uma luz começou a emanar de minhas mãos e a interpenetrar o corpo dele. Zé Roxo esticou o braço e acariciou os cavalos.

Senti que seres trevosos nos observavam. Distraí-me. Parei a oração para observar o terreno atrás de mim, mergulhado na escuridão. Vi centenas de olhos vermelhos, ferozes. O temor foi crescendo dentro de mim.

Os cavalos voltaram a se agitar e a relinchar. Zé Roxo partiu, com receio de que o barulho acordasse a vizinhança. Eu não fui a lugar nenhum. Não consegui. Tão logo sentiram meu medo, cercaram-me. Eram espíritos humanos feitos de sombras.

As criaturas gritavam e rosnavam para mim. Pela primeira vez, desde que começara a me projetar lucidamente, queria voltar rápido para casa. Em vão, cobri os ouvidos e me sacudi para acordar meu corpo físico. Nunca tinha sentido tanto pavor na vida.

Seus olhos, cor de sangue, portavam todo o ódio que guardavam do mundo. Para aqueles monstros, induzir a agressão contra os animais era a forma mais fácil de lidar com suas próprias paranoias e seus sofrimentos.

Jogaram-me no chão. Desejavam apagar minha luz, devolver minha inércia. Gritei, chamei por Tom. Nenhum sinal. Senti-me solitária e entregue à própria sorte.

Imóvel, perdida feito um touro ensanguentado sob a plateia delirante, esperei o último golpe em meu coração. Aproximaram-se todos, dispostos a extinguir minha recente alegria de viver.

— Sangue de Jesus tem poder, sangue de Jesus tem poder, repita comigo — disse uma voz feminina, a mesma que me pediu para seguir as ondas sonoras e que me aconselhou a não enfrentar os espíritos trevosos de casa.

Encolhida e trêmula, obedeci àquela voz que vinha me auxiliando desde minhas primeiras projeções.

— Sangue de Jesus tem poder, sangue de Jesus tem poder — repeti tantas e tantas vezes, até que meus pensamentos e meu corpo astral ganharam força e vibraram intensamente.

Surgiu um clarão na rua. As criaturas sombrias correram para a parte mais escura do terreno, protegendo seus olhos.

Uma senhora negra, de saia longa e cabelos presos, aproximou-se de mim. Abracei aquele anjo e chorei, comovida.

— Você sabe quem eu sou? — indagou-me a dona da voz.

Seu rosto me era familiar. Observei-a por vários segundos, então sorri:

— A senhora se parece com uma evangélica, Irmã Benedita, que morava no meu prédio. Ela faleceu uns meses antes da minha mãe.

— Te acompanho desde então, Meizinha.

— Por que não apareceu antes?

— Não era a vontade de Deus.

— A senhora é meu anjo da guarda? Minha mentora?

— Sou apenas uma serva de Jesus, designada pra te auxiliar.

— Pensei que eu estava por conta própria.

— Ninguém está. Nem você, nem aqueles pobres farrapos — afirmou, referindo-se às criaturas trevosas.

— Por que Tom... — desisti da pergunta, não queria parecer ingrata, nem desapontada por ela ter vindo sem ele.

— Seu amigo não pôde vir. Decerto, sentiu seus apelos e sofreu contigo. Agora, descanse, Meizinha — finalizou Irmã Benedita, ungindo minha testa com óleo, enquanto entoava uma canção religiosa.

Meu corpo físico acordou em sobressalto, dolorido e molhado de suor. Era quase meia-noite e meu primeiro impulso foi ligar para Orixan, porém, desisti. Não queria colocar meu amigo no caminho de Zé Roxo e seus assediadores. A melhor opção era avisar à polícia. Liguei para Anderson.

O investigador me atendeu sonolento. Prometi ser breve, precisava apenas de algumas orientações de como eu deveria fazer a denúncia.

Contei o ocorrido com a cachorrinha e que desconfiava de Zé Roxo. Anderson quis saber em que se fundamentavam minhas desconfianças. Menti, disse-lhe que alguém comentou ter visto um homem com as mesmas características do comerciante rondando a casa de Orixan.

— Isso não significa nada, Mei. O homem mora no mesmo bairro da gente, pode muito bem circular por aí.

— Eu também sonhei com ele — confessei, meio arrependida. Primeiro, porque não queria rotular minhas projeções de meros sonhos e segundo, porque Anderson me daria ainda menos credibilidade.

— Você quer dar queixa de um homem só por ter sonhado que ele envenenou um cachorro? — questionou-me, um tanto irritado.

— Não é crime envenenar animais?

— Você não tem certeza se ele fez isso.

— Pensei que podia me ajudar.

— Olha, Mei, amanhã, se der, a gente conversa.

E foi com tamanha indiferença que o investigador tratou minha denúncia. Nada a ver com o rapaz gentil e apaixonado de outros encontros. Se o cansaço influenciou seu comportamento indelicado, também serviu para mostrar outra faceta de sua personalidade. O despeito.

Sem o apoio de Anderson, enfrentaria sozinha a delegacia pela manhã. A ideia de ser ridicularizada, ao revelar a natureza de minha investigação, não me agradou. O assunto poderia ser tratado de forma cômica.

"Vou fazer uma denúncia anônima", resolvi. Entretanto, voltei atrás na decisão. Talvez Orixan estivesse certo, a polícia não se importava e nem tinha tempo para os animais. Quantos meses levariam para apurar a denúncia? Quantos bichos morreriam ainda? Certamente, o veneno de rato na casa do malfeitor não seria suficiente para indiciá-lo. Era possível que um flagrante funcionasse, entretanto, a polícia se daria ao trabalho de seguir Zé Roxo?

Fiz o que achei mais certo no momento. Telefonei para meu amigo e contei-lhe tudo, com recomendações de cautela, pois o envenenador era perigoso.

Em momento algum, Orixan duvidou da minha experiência extrafísica, aliás, emocionou-se ao saber que Iansã cuidava de Lilica. Agradecido, prometeu-me que apenas intimidaria o homem.

Não eram nessas circunstâncias que gostaria de ter contado para Orixan a respeito de minhas projeções. Desde que comecei a sair do corpo conscientemente, já vivera experiências ricas e belas. Se o momento não fosse tão tenso, eu e meu amigo conversaríamos por horas sobre viagem astral e trocaríamos muitas vivências.

Voltei a dormir com uma sensação de peso e um péssimo pressentimento de que, ao contar sobre Zé Roxo, eu tinha escolhido a opção mais impulsiva e não a mais sensata.

Tudo parecia fora do eixo. Grandes mudanças pairavam no ar. Não queria que elas acontecessem dessa maneira, desejava ter mais controle sobre os planos da vida, porém, se assim o fosse, talvez nada mudasse.

Água parada não move moinho

    Dormi mal, acordei pior. Sentia-me numa camisa de força. Tudo em volta estava cada vez mais enredado e eu não via saída.
    Cair na desesperança era fácil para mim. Não aprendi a ter fé, não tive modelos de superação, não podia contar com um sorriso, nem um abraço dentro de casa. A vida terrena era uma luta diária.
    Durante o café, Olívia trocou apenas algumas palavras comigo. Divaldo e eu saímos calados para o trabalho, um silêncio mais pesado que o habitual. Era constrangedora e repulsiva a ideia de que ele estivesse lendo minhas experiências projetivas.
    Próximos ao mercado, meu coração disparou. Saltei da Kombi em movimento. Havia duas viaturas da polícia e uma pequena multidão de comerciantes e curiosos em frente à loja de Zé Roxo.
    Tensa, abri caminho até a calçada lavada de sangue. Minhas pernas bambearam, tudo rodou. Desesperei-me. Uma mão tocou meu ombro. Era Anderson.
    — Cadê meu amigo?

— Você contou pra ele sobre o sonho, não contou?
— Cadê meu amigo? — gritei.
— Calma.
— Eu só quero saber onde está Orixan.
— Está na delegacia prestando depoimento.
— Graças a Deus — disse, aliviada.
— Agora o Zé...
— Como está?
— Morto.
— Foi Orixan?
— Ele diz que o homem caiu sobre a própria faca.
— Ninguém viu?
— Foi às cinco da manhã. Orixan chamou a ambulância, mas o Zé chegou morto ao hospital.
— Ele vai ser preso?
— Por enquanto, não. Os peritos vão checar as impressões digitais.
— Não vão encontrar a digital de Orixan na faca, eu tenho certeza.
— Não é tão simples assim. Ele pode ter usado luvas, um pano enrolado no cabo. Olha, seu amigo vai precisar de um advogado.
— Pobre Orixan.
— Pobre Zé. Um cara pacato, gente boa.
— Vem comigo — disse, passando pelo cordão de isolamento.
— Espera aí, você não pode entrar na loja.
— Por favor.

Anderson concordou e discretamente fomos para a casa do comerciante, acima da loja. Acessei o vídeo de violência contra animais pelo histórico do navegador e mostrei as caixas de veneno.

Experiente, o investigador abriu algumas pastas na área de trabalho do computador e encontrou centenas de fotos de animais mortos. As vítimas de Zé Roxo.

O falecido já não seria mais lembrado como um cidadão modelo, no entanto, seus crimes não anulariam seu suposto assassinato.

O rapaz não se desculpou por não acreditar em mim, aliás, ficou ainda mais desconfiado de minhas fontes. Quis saber que tipo de relação eu mantinha com o comerciante para conhecer com detalhes o interior de sua casa e questionou, ainda, por quanto tempo eu e Orixan o espionávamos.

Temi que Anderson dificultasse nossas vidas. Ele não era meu amigo, nem namorado. Era apenas um cara que não queria ser meu amigo, caso não fosse meu namorado.

Aproveitei a chegada de outros policiais para deixar o local. Por várias horas, fiquei à espera de Orixan na porta de sua casa. O sentimento de culpa era inevitável.

Envenenei meu amigo com a verdade para a qual ele ainda não estava preparado. Se durante toda a vida amarguei o peso das responsabilidades e das ações alheias, desta vez, contribuí diretamente no desencadeamento daquela confusão.

A advogada e ex-aluna de Orixan trouxe-o para casa, embora sua especialidade fosse outra, a moça se comprometeu a ajudar no caso. Cumprimentei-a friamente, estava muito constrangida e aflita para formalidades, não sabia como meu amigo me receberia.

— Muito prazer, Mei. É você a sonhadora? — perguntou-me a advogada, com simpatia. Apenas sorri, sem jeito, concluindo que Orixan já lhe contara toda a história.

A mulher transmitia uma confiança inabalável. Meu amigo tinha convocado a pessoa certa para salvá-lo daquele imbróglio.

Quando a advogada partiu, Orixan correu para o banho, com a promessa de me contar tudo durante o almoço que preparei às pressas para animá-lo, muito embora quem precisasse de ânimo fosse eu.

— Sabe, Mei, eu andei pensando neste seu lance de projeção astral, acho que você deveria levar isso mais a sério — comentou ele, saindo do banheiro.

— Acho melhor conversarmos sobre isso outro dia.

— Você precisa estudar mais o assunto, se dedicar, frequentar algum curso, um centro kardecista, sei lá, sair do mercadinho do seu cunhado, mudar de vida. Entende, irmãzinha?

— Eu entendo que você está prestes a ser acusado de assassinato e está aí, preocupado com meu futuro. Surtou?

— Não fui eu.

— Eu sei, mas a polícia não acredita que aquele monstro caiu em cima da própria faca.

— Se eu contasse a verdade... Não acreditariam nunca.

— Como assim?

— Primeiro, eu chamei o cara pra conversar. Ele já saiu de casa desconfiado, então, quando percebeu do que se tratava, tirou uma faca da cintura e começou a me ameaçar. O maldito gritava:

— Você quer me assaltar, seu preto! — Ele queria se fazer de vítima para me matar.

— Que horror!

— No primeiro chute que eu dei na sua mão, a faca caiu no chão. Aí, eu disse: — O bairro inteiro vai saber quem está envenenando os animais na calada da noite.

— E ele? — quis saber, ansiosa.

— Mei, você acredita que o desgraçado pegou a faca, olhou pra mim, sorriu e se esfaqueou?

— Não foi acidental?

— O cara esfaqueou-se de propósito.

— Um louco.

— Eu tenho fé na Joana. Ela vai me tirar dessa.

— Joana?

— A advogada que eu te apresentei.

— Ah... sim, desculpa. Fiquei desconcertada com essa história.

— Irmãzinha, eu te conheço há muitos anos, eu sei que está se sentindo culpada por me contar quem matou a Lilica.

— Eu devia ter esperado mais para te contar.

— Juntos, talvez, teríamos resolvido a coisa de outra maneira, com mais calma. Mas quem poderia imaginar que o demente se mataria pra me culpar?

— Eu errei em te contar...

— Os erros servem pra gente aprender, não para ficar se martirizando, se escondendo do mundo. Mei, saia dessa, aproveita o impulso que a vida está te dando.

— Não é tão fácil assim.

— E quem está falando de facilidades? Tudo isso é um desafio.

— Eu nem sei por onde começar.

— Eu sei. Venha morar aqui.

— A última vez que falamos sobre isso, aconteceu aquela tragédia com meu sobrinho.

— Chega de tragédias! Tá lembrada do convite que recebi uns meses atrás para ensinar capoeira no Japão?

— Está pensando em fugir?

— Claro que não. Se ainda me quiserem, eu vou pra lá, quando tudo estiver resolvido.
— Tão rápido?
— Eu já tinha tratado de tudo no consulado, lembra?
— Claro, na época, o exame de gravidez da Sonia deu positivo e você mudou de planos.
— A gente tinha acabado de se conhecer, que sufoco!
— Mas foi alarme falso.
— Graças a Deus.
— E seu plano agora é me trazer pra cá?
— Por que não? Você não está contente naquela casa.
— E você precisa de alguém pra tomar conta dos bichos.
— Eu preciso de você e você precisa de uma casa. O que acha? Vamos, Mei, está na hora de um pouco de agito em nossas vidas. Água parada não move moinho.

Prometi pensar na proposta. O sim seria um divisor de águas em minha vida. A saída de casa significaria paz e independência, como também um possível rompimento familiar. De qualquer forma, estaria sozinha, sem meu amigo, que parecia determinado a dar um novo rumo à sua trajetória. Somente a prisão o deteria. E Joana, a advogada confiante, deteria sua prisão?

Naquela noite, Divaldo voltou furioso para casa. Além de não tê-lo comunicado que eu passaria o dia longe do mercado, ele tinha certeza de que Orixan matara seu amigo Zé Roxo. Desvairado, invadiu meu quarto aos berros:

— Aquele macumbeiro devia pegar prisão perpétua! Tomara que sofra muito na cadeia.
— Orixan não fez nada.
— Quem defende assassino também não presta! O seu dia vai chegar, sua vagabunda.

— Calma, Divaldo — abrandou Olívia.

— A sua irmã faltou no trabalho sem a minha autorização. Quem manda naquele estabelecimento sou eu.

— Por que você não avisou, Mei? — quis saber Olívia.

— Eu não estava com cabeça pra isso.

— Eu sou o seu patrão, eu posso te demitir.

— Você não é nada meu!

— O que disse?

— Metade de tudo que tem é meu, seu ladrão.

Simulando dignidade ferida, o homem tentou avançar sobre mim, no entanto, minha irmã o impediu, apelando para os laços afetivos, "pelo amor de Deus, se comportem, aqui não tem patrão, nem empregado, somos uma família".

As palavras sentimentais de Olívia tinham apenas uma função, despistar a possibilidade de uma cobrança legal de minha parte.

Divaldo, raposa velha, fingiu esquecer a ofensa, mas não a raiva. Arranjou um jeito de manter a discussão sem abordar assuntos financeiros.

— Isso é jeito de tratar sua família? — indagou-me o homem, tirando meus relatos projetivos do criado-mudo.

— Vocês não podem mexer nas minhas coisas — gritei.

— Mei, minha irmã, por que você escreveu aquelas coisas feias sobre a mãe do Divaldo? Por que inventou tanta bobagem sobre o pobrezinho do seu sobrinho?

— Eu não tenho que explicar nada.

— Nós não merecemos isso — vitimou-se Divaldo.

— Chega. Os dois, fora do meu quarto.

Tranquei a porta. Queria chorar, todavia, as lágrimas não apareceram, nem a culpa. Finalmente, tinha conseguido dizer que usurparam minha parte nos bens de minha mãe. Uma única frase e já me sentia vitoriosa. Um assunto tabu quebrado em poucas palavras.

    Deitei e orei para que Irmã Benedita iluminasse meus passos. Adormeci.

O purgatório

    Minha consciência despertou no topo de um morro. Encolhi-me com o vento gélido da noite. Não havia vegetação alguma ao redor.

    Distante dali, avistei alguns pontos de luz, pareciam fogueiras, iluminando precariamente a região inóspita.

    Sentia-me desconfortável, solitária. Não queria viajar mais uma noite para um lugar tão sombrio. Ansiava por ambientes acolhedores, cheios de cor e melodia, como aqueles de minhas primeiras projeções.

    — Oh, Irmã Benedita, me leve para junto de Tom, meu amor, minha luz — roguei.

    Um nevoeiro desceu sobre o morro e se espalhou por todo o vale. Trazia um cheiro mentolado agradável e, à medida que interpenetrava meu corpo astral, tornava-me mais lúcida e bem disposta.

    Pouco a pouco, um som de flauta foi se impondo. E todo o meu ser foi tomado por uma sensação de alegria e amizade. Ao meu lado, surgiram Irmã Benedita e Tom. Abracei-o com força. Abracei o meu sol.

Irmã Benedita me explicou que naquele vale extrafísico habitavam milhares de espíritos sintonizados pelo mesmo sentimento: a culpa.

Carrascos de si mesmos impingiam-se sucessivas sessões de humilhação, uma inútil tentativa de expurgar os erros cometidos na última ou em diversas vidas terrenas anteriores.

— Esta névoa foi produzida por nossos irmãos de luz — esclareceu-me a mulher —, ela desinfeta a atmosfera carregada de sujidades, elucida os pensamentos e torna nossa presença a mais discreta possível.

Lembrei-me do umbral, descrito em vários textos kardecistas que lera nos últimos tempos.

— São perigosos? — indaguei.

— Nossa presença é benéfica, muitos irmãos se sentem inspirados e, por um momento, interrompem o autoflagelo para desfrutar a breve paz interior. Porém, a grande maioria vive entre a autocomiseração e a culpabilização. Por isso, é preciso discrição. Imagine, filhinha, a bagunça que seria se centenas de sofredores nos cercassem, suplicando por perdão.

— Se isso acontecer, poderemos sair volitando?

— As aparições místicas e as fugas espetaculares não contribuem em nada com os moradores deste lugar. Eles precisam de uma ajuda discreta e tranquila. Compreendeu, Mei? — explicou-me Tom.

— Acho que sim. Hoje não haverá concertos virtuosos, chineses medindo auras, nem campos de girassóis — brinquei, trocando olhares de cumplicidade com ele.

— Jovens, está na hora de descermos para o vale — avisou Irmã Benedita.

— Irmã, eu não sei como devo ajudá-los.

79

— Você apenas não se lembra, querida. Fique calma, só observe e transmita bons pensamentos.

A carismática mulher iniciou a descida, usando um de seus instrumentos mais poderosos, a voz.

— Força, hoje, estamos juntos — tranquilizou-me Tom, acariciando meu rosto. Em seguida, pegou sua flauta e acompanhou a irmã em seu canto evangélico. Ao lado de ambos, desci para o vale dos culpados.

Conforme nos aproximávamos, minhas próprias culpas tentavam me invadir. Apesar de não vê-los, a influência dos espíritos trevosos era forte. Em *flashes* de segundos, pensei em problemas antigos, acontecimentos recentes, pequenos desafetos, grandes mágoas, raiva, frustração, culpa pelo que foi ou não feito. Tudo, absolutamente tudo, poderia servir de brecha para abalar meu estado psicoemocional.

Concentrei-me na música. Cantei junto. A tempo, consegui banir todos os pensamentos perigosos, certa de que eles jamais deveriam ter sido evocados naquele lugar sombrio.

A voz de Irmã Benedita, aliada à flauta de Tom, deixava o ambiente menos denso, propagava leveza e uma breve esperança aos seres que permitissem que a canção penetrasse em seus transes autodestrutivos.

A sensação de segurança incitou minha curiosidade. Quis ver mais, posto que enxergava somente vultos através do corredor de névoa que percorríamos. Desviei-me alguns metros, onde a influência do nevoeiro já não era tão forte.

Avistei sobre o terreno centenas de grandes buracos em forma de funil. Pessoas se agitavam, gritavam à beira dessas covas. A cena intrigou-me. Quis saber o que tinha dentro dos buracos. Aproximei-me de um.

— Oh... Deus! — exclamei chocada. A resposta mais asquerosa se revelou diante dos meus olhos. Dentro da escavação estava um homem coberto até a cintura por um líquido gosmento e fétido. Ele implorava:

— Mais, joguem mais, por favor... — E a plateia desvairada obedecia. Escarravam, urinavam, vomitavam e defecavam sobre o pobre desgraçado.

Aquilo me repugnou. Quase vomitei. Tapei minha boca para não dar uma contribuição involuntária ao homem.

O ritual se repetia em todos os buracos do vale, apelidados por seus habitantes de purgatório. Acreditavam que essa era a maneira mais eficaz de pagarem por seus pecados e purificarem a alma.

Sucessivas vezes, numa repetição incansável, homens e mulheres entravam naquelas covas em busca de redenção. Recebiam os excrementos ectoplásmicos até chegarem à superfície, entretanto, suas miseráveis condições continuavam inalteradas. Nenhuma salvação resultava daquele terrível ritual.

Irmã Benedita me explicou mais tarde que, por incrível que parecesse, os frequentadores do purgatório eram fortes candidatos a se libertarem do vale. Não pela ação asquerosa a qual se sujeitavam, mas pelo desejo de mudança manifestado. E, à medida que caíam em si sobre a inutilidade do purgatório, mesmo que séculos se passassem para tal constatação, o verdadeiro auxílio surgia.

Após a intensa náusea, elevei minhas mãos à cabeça, tomada por uma dor extrema. Pensei em correr, entretanto, as pontadas agudas me impossibilitavam qualquer reação.

O grande alvoroço em torno do buraco me manteve oculta até o momento em que minhas contorções de dor começaram a chamar a atenção de alguns espíritos, que me observavam intrigados.

Um homem robusto, tão esfarrapado quanto os outros, porém, com uma energia infinitamente melhor, segurou-me o braço.

— Volte para a névoa, filha — ordenou-me.

Seu toque me estremeceu, meus olhos se encheram de lágrimas, sentia-me amparada por seu amor e magnetismo. As dores cessaram e uma reação inesperada deu-se perante todos. Meu corpo astral começou a brilhar feito um farol nas trevas.

— Um pirilampo de Deus — comentou o homem, sorrindo para mim.

Minha emoção não passou despercebida. Assediadores malignos, responsáveis por inflamar tristeza e desespero nos pobres habitantes do vale, saíram da multidão, na qual se mantinham camuflados e nos cercaram.

Nada fizeram contra o homem. Quanto a mim, dirigiram palavras de ódio, escárnio, ameaçando-me devorarem-me ali mesmo.

A multidão abandonou as beiras das covas e se voltou para mim. Uns pediam ajuda, queriam me tocar, impressionados com meu resplendor; outros me insultavam.

Uma mão puxou a minha. Era Tom me conduzindo para fora do conflito. Interpenetramos o nevoeiro mentolado novamente.

— Aquele homem... Não vai ajudá-lo? — indaguei.

— É um Guardião. Fique tranquila. Ele tem controle absoluto da própria energia, por isso, a população do vale não consegue identificá-lo.

— O que ele faz?

— Os Guardiões são espíritos num estágio de desenvolvimento avançado, que se revezam em diferentes regiões trevosas, a fim de minimizar os ataques dos assediadores mais perigosos.

— Me disseram coisas horríveis.

— Um ataque extrafísico, além de todas as influências ruins, pode causar uma repercussão desastrosa no desenvolvimento de um projetor.

— Você me puxou na hora certa.

— Se eu não o fizesse, ele a enviaria de volta ao corpo físico.

— Onde está a Irmã Benedita?

— Foi na frente. Vamos alcançá-la.

De mãos dadas, seguimos pelo corredor vaporoso, aberto em meio ao deplorável vale. Os chacras de nossas palmas unidas pulsavam intensamente. O gesto íntimo de duas mãos entrelaçadas em um momento tão tenso me trouxe a certeza de que nos conhecíamos e nos amávamos havia muito tempo.

O nevoeiro foi se tornando mais rarefeito. Tínhamos saído da zona de perigo. Já era possível enxergar ao redor. Estávamos numa área similar às cidades terrenas pós-guerra.

As fogueiras nas ruas eram as únicas fontes de luz do local, repleto de casas em ruínas e edifícios inacabados, com estrutura de ferro e concreto aparentes. Intuí que as desoladas moradias não estavam vazias.

Paramos na entrada de um prédio sem janelas, nem paredes, somente vigas e lajes. Tom me olhou, buscando avaliar minha condição emocional. Parecia preocupado comigo, sabia que eu estava captando uma profunda tristeza nostálgica, vinda daquele edifício.

Tom pousou suas mãos sobre meu chacra cardíaco e pediu que eu entoasse com ele um mantra. Embora não soubesse o significado daquelas palavras, minutos depois, sentia-me leve e menos suscetível às vibrações dramáticas do local.

Entramos. A cada andar que subíamos, mil imagens da minha infância me invadiam. Desta vez, a reprodução do meu passado não me pareceu obra de assediadores, pois não trazia uma perspectiva nociva, eram apenas memórias gravadas no tempo.

No último andar, banhada pela luz da lua, Irmã Benedita orava com as mãos espalmadas para cima. Tom juntou-se a ela. A prece trazia clareza às nossas mentes.

O ambiente me era familiar. A sujeira e a deterioração dos objetos não me impediram de reconhecê-los. Embora sem portas, janelas ou paredes, constatei que aquela era uma cópia extrafísica do apartamento em que cresci.

Ouvi o som de uma caixinha de música. Senti um aperto na região cardíaca. E quanto mais o vento me trazia a curta melodia, mais me emocionava.

— Mãe, mãezinha — disse, correndo para o meu antigo quarto.

Quase onze anos após sua morte física, lá estava minha mãe, sentada ao lado de uma viga de concreto, absorta no mesmo porta-joias que a acompanhou naquela fatídica manhã.

Procurei não assustá-la, cheguei de mansinho e me sentei ao seu lado. Segurei o choro, queria muito abraçá-la. Ela notou minha presença, contudo, não me cumprimentou.

Mamãe apresentava características que nunca possuíra na vida terrena, cabelos brancos, rugas, porém, o que mais me intrigou foram as cicatrizes, uma em cada pulso.

— Está meio quebrada — comentou, ainda encarando o objeto em formato de coração.

— Adoro esta música — elogiei.

— Perdi tudo. Este coraçãozinho foi a única coisa que me sobrou. A canção me faz lembrar minhas meninas.

Dias depois do seu enterro, o perito da polícia nos devolveu seu porta-joias dentro de um saco plástico lacrado. Abalada, Olívia não queria nada que a fizesse recordar-se da terrível cena da mãe sobre a calçada do prédio, tratou logo de jogar o saco fora.

De madrugada, resgatei a caixinha de dentro da lixeira do condomínio. Menos despedaçada do que eu esperava, consegui colar seus pedaços e guardá-la secretamente por todos esses anos.

Havia presenteado minha mãe com aquela caixinha de música em seu último aniversário. Na minha cabecinha de criança, criei a fantasia que ela, ao pular agarrada ao objeto, deixava a mensagem final que me levava em seu coração. No entanto, para minha mãe o porta-joias era o símbolo do seu fracasso. Em vida, antes de partir, em vez de ouvir sua música, ela enxergava somente um coração vazio, vazio de joias e de amor.

Mamãe precisou viajar ao miserável vale para aprender que aquele objeto era mais do que um porta-joias, era também uma caixinha de música cheia de recordações maternas.

— Não consigo sair desse lugar horrível de jeito nenhum.

— Você quer ir embora?

— Tentei de tudo, nada funcionou. Nem o purgatório e nem isso — confessou, mostrando as cicatrizes nos pulsos. O que confirmou minhas suspeitas quanto às marcas.

Tentara se matar novamente, sem sucesso, por motivos óbvios.

— Tentar se ferir só atrasa a sua cura — expliquei.
— Ninguém se importa comigo. Nunca fui amada.
— Suas filhas te amam.
— Você sabe alguma coisa sobre elas?
— A Olívia se casou, tem um menino lindo. A Mei cresceu e está aprendendo muitas coisas.
— Pobre Mei, era tão alegrinha, tinha uma energia aquela menina... E eu sempre infeliz. Ficou melhor sem mim.
— Acredito que não.
— Ela queria ser jornalista — afirmou com convicção.
— Não me lembro disso.
— Você não conheceu a Mei.
— Acho que me esqueci dessa Mei cheia de energia.
— Eu era secretária de um grande jornal, sabia?

Recordava-me quase nada do local de trabalho dela, tampouco dos meus planos de menina, esquecidos pela brutalidade de como tudo se passou desde sua morte.

A prece de Tom e Irmã Benedita estava clareando a memória e os pensamentos dela, e quanto mais conversávamos, mais lúcida ela se tornava.

— Me ajuda, filha — rogou-me, tocando minha mão.

Acolhi-a em meus braços. Amor fraternal era tudo de que mamãe precisava naquele momento. Sem promessas de mudança ou palavras de consolo, apenas um abraço sincero.

Ela caiu em sono profundo. Tom a carregou e saímos volitando discretamente em direção ao céu, para longe dali.

Fiquei aliviada com a saída mais tranquila do que a entrada. Irmã Benedita me esclareceu que a caminhada pelo vale servira para que eu conhecesse o lugar no qual realizaria muitos resgates no futuro.

Antes de chegarmos ao destino de minha mãe, retornei ao corpo involuntariamente.

Partidas

Meu primeiro impulso, durante a madrugada, foi contar tudo a Olívia, entretanto, contive-me, o relato só agravaria nossa situação. Ela não acreditaria, faria mais acusações e o que eu menos precisava naquele momento era de alguém julgando minhas experiências extrafísicas.

A discussão que tivemos no princípio da noite se tornou pequena diante do purgatório e do reencontro com minha mãe. Mas o diabo, como diz o provérbio, mora nos detalhes. Nenhuma intriga era pequena demais. Era fundamental, para o bem de todos, afastar-me daquela relação improdutiva, alimentada por discórdias.

Refleti que era muito fácil fazer da própria vida terrena uma espécie de purgatório. Bastava viver repetidas vezes o mesmo erro, contar com as esmolas emocionais das pessoas e esperar que os problemas se resolvessem por meio do sofrimento.

"É preciso coragem para iniciar uma jornada e sabedoria para concluí-la", pensei ao pular da cama e preparar minhas malas.

Fui ao quarto de Ícaro, não para me despedir, pois não existem despedidas quando se tem consciência de outras realidades, mas para transmitir boas vibrações ao seu ambiente físico.

Para Olívia, escrevi um bilhete:

Irmã, saio desta casa e do trabalho levando meu maior bem, o meu crescimento espiritual. O resto, espero que você e seu marido guardem para meu sobrinho que, em breve, tenho fé, voltará a correr entre nós.

Ao raiar de um novo dia, chegamos eu e minha bagagem à casa de Orixan. Sonia abriu o portão com os olhos inchados de chorar.

— Ele foi preso? — perguntei, aflita. A moça me abraçou, dizendo que o perderia.

Encontrei Orixan nos fundos, exercitando-se. Veio tranquilo em minha direção, com um sorriso de quem já tinha certeza de minha decisão.

— Maninha, tudo tem a sua hora e a nossa é agora!

— Por que a Sonia está daquele jeito?

— Em duas semanas, tô no Oriente. Mandei uma mensagem para a escola no Japão e está tudo confirmado. Finalmente, vou usar o passaporte que tirei.

— E o caso do Zé Roxo?

— A Sonia não te contou?

— O quê?

— Minha advogada foi ontem mesmo investigar os comércios da avenida. Aquela mulher é fera, fez o que os investigadores deveriam ter feito na hora. Eles estavam com má vontade, tinham certeza de que eu matei o cara...

— Fala logo.

— Uma câmera escondida, logo na entrada de um comércio vizinho, filmou tudo.

— E a polícia não tinha apurado isso?

— Sondaram superficialmente a região, sei lá, acho que ainda fariam o que a Joana fez. Nem os funcionários da loja sabiam da câmera.

— E como ela descobriu?

— O cara da empresa de segurança estava lá pra fazer a manutenção dos equipamentos.

— Glória a Deus, como diria Irmã Benedita.

— Quem?

— Outro dia te conto. E o que aconteceu depois?

— A Joana me falou que os caras na delegacia ficaram bestas quando viram o doente se apunhalando com a faca.

— Anderson teve que engolir mais essa. Cara orgulhoso.

— O que importa é que estou livre.

— Maravilha, Xan! — exclamei, abraçando-o.

— Chorei que nem criança quando soube da notícia.

— Ontem, no almoço, parecia tão confiante.

— Que nada! Acho que nunca tive tanto medo em minha vida, esses últimos dias foram horríveis. A morte da Lilica, a ameaça de ser preso por um crime, que não cometi. Preciso dar um tempo disso tudo.

— O café está pronto — avisou Sonia, cabisbaixa.

Durante o café da manhã, indiferente à tristeza da moça, meu amigo contou eufórico todos os seus planos para o Japão. Quem podia censurá-lo? Depois de tudo que passou, as lágrimas da namorada eram algo realmente pequeno, embora tudo parecesse grande sob o prisma dela. Como Sonia não haveria de pensar na distância entre os países, no tempo indeterminado de separação e, principalmente, na euforia do namorado. Impossível não se enciumar de Ayumi, o grande amor de Orixan, que nos últimos anos, retomara contato com ele, ainda que tímido, pelas redes sociais.

No entanto, Sonia guardava um trunfo na manga, apostava que as diferenças culturais trariam seu amado de volta mais cedo do que ele imaginava. Uma convicção criada por ela para não sofrer ainda mais. Pura ilusão, visto que o Japão já se instalara em Orixan havia muitos anos. Era uma questão apenas geográfica para que o inverso também acontecesse.

A academia em que Xan trabalharia era de Hiro, sobrinho-neto do seu pai adotivo. Mestre em artes marciais, o rapaz já viera ao Brasil várias vezes. Em sua última visita, convidou meu amigo para introduzir a capoeira em sua escola. Com tantas ligações afetivas no Japão, sem dúvida, sua adaptação não seria tão difícil.

A maior preocupação de Orixan era com a minha adaptação, por isso, montou um esquema para realizar todos os preparativos da viagem com suas economias e ainda me deixar algum dinheiro para as contas e gastos dos próximos meses. Comprometeu-se também a enviar uma espécie de mesada para cobrir custos, como os do veterinário e outros imprevistos.

Não descartava a hipótese de precisar da ajuda dele para além dos primeiros meses. Eu não fazia ideia de quando voltaria a trabalhar, embora me sentisse desconfortável com a possibilidade de ser sustentada por um amigo do outro lado do mundo.

Relações pessoais vinculadas ao dinheiro quase nunca acabavam bem. Portanto, precisava me mexer. Meus dias de espectadora estavam no fim, queria atuar em minha vida. Sair das sombras dos planos alheios, escolher o meu caminho.

Com tanta agitação, não conseguia realizar uma projeção consciente desde a visita ao purgatório. Minha cabeça estava a mil, em alguns dias, estaria pela primeira vez na vida morando sozinha e procurando um emprego.

Tantos desafios terrenos quando o que eu mais ansiava era transitar pelo mundo espiritual, receber notícias de minha mãe. E o pequeno Ícaro, o que estaria fazendo no astral?

Temia não ser capaz de me dedicar aos dois mundos, distanciando-me do extrafísico, dimensão em que Tom se preparava agora para deixar. Ele voltaria para meu mundo, meu tempo. Que contradição. Nossa proximidade física talvez significasse nossa separação. Restava-me a esperança de conseguir me despedir de meu amor e de, em breve, procurá-lo em projeção — uma audácia, posto que não sabia nada sobre reencarnação e sua complexidade.

Cinco dias haviam se passado desde que saí de casa e, como imaginava, Olívia não me procurou. Conhecia-os bem, ela e o marido somente se manifestariam caso fossem convocados judicialmente, do contrário, jamais demonstrariam preocupação por mim ou colocariam as cartas na mesa, numa conversa franca sobre a partilha que nunca aconteceu. Ainda que estivesse resolvida a abrir mão de meus bens materiais, eu não apresentava o mesmo desprendimento afetivo, esperava, ilusoriamente, um pedido de desculpas de minha irmã.

Orixan comunicou sua partida às escolas, aos alunos de capoeira e aos adeptos do terreiro. Esses últimos não estranharam sua decisão, aliás, já pressentiam o fechamento do local, dado que os trabalhos não fluíam bem havia tempos. Na última sexta-feira de funcionamento, fizeram uma grande festa aos Orixás.

Desmontamos o templo um dia antes de sua partida. Todas as figuras e objetos foram doados à proprietária da antiga casa que Orixan frequentava.

— Minha mãe Iansã e meu pai Seiji não vão mais brigar — disse, emocionado, diante do galpão vazio.

Orou para que o local seguisse seu destino, livre de conflitos e interferências. Desculpou-se pela teimosia de manter os cultos do candomblé onde já havia outra obra espiritual. Por fim, invocou a proteção dos Orixás em sua nova jornada.

Num entardecer ensolarado de junho, seguimos de Uber para o aeroporto internacional, embora Orixan tivesse carro, nem eu ou Sonia sabíamos conduzir, um item a mais na minha extensa lista de desafios.

Sonia se mostrou mais conformada, trocou as lágrimas por conselhos. Usar sua experiência de imigrante foi a maneira que encontrou para lidar com a partida de Orixan, que escutou atentamente todas as dicas da jovem boliviana somente para agradá-la, como um último mimo na condição de namorado, uma vez que combinaram de interromper o compromisso após o beijo de despedida.

Antes de entrar para o portão de embarque, Orixan se abaixou e colocou um colar de contas no pescoço de Juan.

— Lembra aquela moça bonita do quadro?

— A sua mãe?

— Isso mesmo, minha mãe Iansã.
— O que tem ela?
— Este colarzinho é presente dela pra você!
— Por quê? Eu não sou mulher pra usar colar — questionou o menino, fazendo-nos rir em um momento em que a vontade era de chorar.
— É pra te proteger dos perigos.
— Então eu uso. Obrigado, Orixan.
— Irmãzinha, a gente já conversou tudo que tinha pra conversar, agora é sacudir a poeira e bola pra frente. Se cuida!
— Pode deixar, amigo.
— De vez em quando, envia uma gravação da bicharada pra eu matar a saudade?
— Mandarei fotos e vídeos todas as semanas. Fica tranquilo, vou cuidar bem deles.
— Meninas e menino, amo vocês — despediu-se Orixan, abraçando a mim e a Juan, e beijando Sonia. Depois, seguiu gingando pelo corredor, feliz da vida.
Semanas atrás, se me contassem que tudo isso aconteceria tão rápido, não acreditaria. As viradas que a vida deu, ou melhor, as viradas que demos na vida não seriam tão surpreendentes se pensássemos que já estávamos preparando tudo inconscientemente.

O pomar

O retorno foi exaustivo. Sonia não se conteve mais. Chorou por todo o caminho, parecia que regressávamos de um enterro, afugentando, inclusive, o encantamento do pequeno Juan pelos aviões.

Ela ainda tentou me persuadir de que deveria me fazer companhia naquela noite. Delicadamente, dispensei-a. Teria muitos dias para ouvir seus lamentos de amor, queria passar minha primeira noite sozinha na paz de Deus, orando para que meu amigo chegasse bem ao seu destino e que eu também encontrasse o meu.

Após um banho quente, acendi alguns incensos e preparei com carinho o meu jantar. Era a primeira comidinha que eu fazia somente para mim e, claro, para uma pequena plateia de dois cães e quatro gatos. Sansão e Dalila, Diná, Luara, Oiá e Xangô nunca se satisfaziam com a própria comida, reivindicando sempre mais um pedacinho de carne.

Receosa de que os mais apegados a Orixan adoecessem de saudade, mantive todos os seis na sala comigo. A intenção inicial era ajudá-los a superar a partida do dono, todavia, percebi que a ajuda era recíproca. Com os seis à minha volta, senti-me rodeada de amor e gratidão. Entendi que não poderia ser apenas responsável por eles, uma mera tratadora, teria de ser uma amiga e por que não, uma mãe. Diante da televisão, adormeci, completamente relaxada.

Mais tarde, meu psicossoma acordou sobre uma superfície fofa, quentinha. Meus dedos afundaram na terra, a sensação era muito agradável. Após o tato, foi o olfato que despertou com o intenso aroma de fruta. Levantei a cabeça, estava num imenso laranjal.

Era dia, o céu estava incrivelmente azul. Não vi ninguém. Resolvi caminhar entre as laranjeiras em flor, depois corri, corri. Rolei no chão, chupei laranja, ri à toa.

— O que é isso, meu Deus? Que coisa boa — gritei, admirada com minha súbita descontração.

Nos momentos mais sombrios de minha vida, eu fazia força para evocar sensações de euforia vividas na infância. Pensava na emoção de ver o mar, ao entrar numa cidade litorânea, na montagem da árvore-de-natal, enfim, visitava algumas lembranças que me fizessem reviver uma alegria intensa, mesmo que por breves segundos. Naquele pomar, não era preciso nenhum recurso artificial para experimentar sensações tão prazerosas.

No topo de uma copa, avistei ao longe várias pessoas. Aproximei-me.

— Rosa! Eu quero uma linda cor rosa — uma jovem ordenava para um grupo de crianças. Obedientes, os pequenos levantaram os braços e irradiaram um facho de luz rosa.

— Agora azul, pessoal — continuou ela.

Sentados num banco, um homem de meia-idade e uma senhora me observavam. Fui ter com eles. Ela usava uma túnica cor de laranja, com pedrinhas incrustadas, intuí que seguia a linha hinduísta. Ele vestia calça e blusa brancas, nada que detectasse sua linhagem religiosa, exceto o colarinho. Era um padre. Achei curiosa aquela combinação de crenças.

— Seja bem-vinda, Mei. Eu sou o Padre Zezinho e esta é Aromatiza.

— Bem-vinda, querida. Sei que está pensando em religiões. Saiba que aqui assimilamos todas elas, porém, de forma mais complexa e livre, sem crenças fechadas como na Terra — explicou-me Aromatiza.

— Onde estou?

— No Jardim de Aromatiza — disse o padre.

— É apenas um apelido. Você está em um pomar-escola — respondeu a senhora com modéstia.

— Agora estou me lembrando. Meu amigo Tom me falou sobre este lugar.

— Veja seu sobrinho como está feliz — informou Aromatiza.

Olhei surpresa para a roda de crianças, e lá estava Ícaro, irradiando luz. Chamei seu nome. Ele veio correndo ao meu encontro com os bracinhos abertos. Rolamos na grama, rindo.

— Gostou da minha escola, tia Mei?

— É fantástica.

— Eu tenho aulas de linguagem vegetal, alma das cores, escultura na água.

— Quanta coisa está aprendendo!

— Aquela ali é a minha professora — disse, apontando a moça que liderava as irradiações. — Seu nome é Glorinha.

— Ela é bonita — comentei, observando a jovem de cabelos vermelhos e vestido florido.

— A Glorinha está sempre feliz.

— E você, meu querido, está feliz?

— Claro, tia. E você? — quis saber, rindo com a devolução da pergunta.

— Quando estou com você, sou a pessoa mais feliz do mundo. Eu te amo!

— Posso voltar pra roda?

— Depois da minha declaração de amor, vai me deixar? — lamentei.

Ícaro riu sem culpa nenhuma. Não se lembrava de seu drama, nem sequer pensava nos pais. A mim reconhecia porque eu estava no mesmo plano, porém, não demonstrava saudade, era como se nosso último encontro no lago fora minutos atrás. Como quase todas as crianças, ele vivia um eterno presente, e agora, no astral, apresentava mais desapego ainda.

— Vou lançar o raio esmeralda pra você, titia.

— Tudo bem, pode ir, mas antes quero outro abraço.

— Te amo! — disse Ícaro, enlaçando meu pescoço. Depois correu para junto das outras crianças. A distância, a jovem instrutora me cumprimentou.

— Não se lembra dela? — indagou o padre, sentando-se sobre a grama, ao meu lado.

— Todos vocês me parecem familiar. Sinto-me em casa.

— Ainda criança, você vinha quase todas as noites para cá.

— Não me recordo dessas projeções.

— Você já foi nossa aluna e também professora.

— O senhor vive aqui também?

— Sim, sou o professor de cromoterapia.

— Um padre?

— Por que a estranheza?

Apesar de estar numa dimensão de infinitas possibilidades e combinações, nunca imaginaria um padre cromoterapeuta. Isto só reforçava o quão pouco sabia ou me lembrava das práticas extrafísicas.

— Sempre foi padre?

— Em algumas encarnações. Mas também já fui monge, pastor, rabino. Gosto do sacerdócio.

— Deve ser muito bom saber o que quer da vida.

— Filhinha, você sabe, só não se lembra. Acontece com todo mundo.

— Muitas vezes, é mais fácil desistir de procurar.

— Sempre sopro a um coração aflito: continue vivo e não desista até encontrar seu caminho.

— Minha mãe desistiu da sua vida terrena. Espero que agora encontre seu caminho.

— A sua mãezinha está em recuperação.

— Quando posso vê-la?

— Logo.

— Me parece que é mais fácil a recuperação aqui do que na Terra.

— Sim, os planos sutis oferecem mais recursos, mais clareza. Entende, filha?

— Já lá embaixo...

— A Terra é uma escola importantíssima, Mei. Lá, lidamos com influências culturais, físicas, psicológicas, espirituais, sociais, biológicas — explicou o padre.

— Padre, fica difícil quando não nos lembramos do astral, de outras encarnações, daquilo que queremos cumprir em vida.

— Se depender de mim, a partir de hoje, você vai começar a se lembrar de muitas coisas, inclusive do poder das cores. Vamos?

— Pra onde?

— Para a sala de aula.

Virei-me para me despedir de Ícaro, no entanto, já estávamos numa sala de aula, com carteiras de madeira enfileiradas, lousa e giz.

— Sabe, Mei, tenho alguns apegos. Gosto desta estrutura convencional da sala de aula.

— Qual escola pode ser chamada de convencional quando se tem um padre ensinando cromoterapia? — brinquei, fazendo-o rir.

Padre Zezinho iniciou a aula falando sobre a coloração única de cada ser, tal qual uma identidade, um DNA de luz.

Fez um breve resgate histórico da cromoterapia na Terra e das primeiras civilizações a praticá-la. As cores vinham sendo usadas de diversas maneiras e dversos propósitos ao longo do tempo.

Apesar da complexidade do tema, Padre Zezinho reforçou que o uso terapêutico que fazia das cores era guiado acima de tudo pelo amor, o conhecimento era apenas um suporte.

Praticidades

As vivências espirituais traziam mais alegria à minha vida terrena. Acordava cheia de energia e vontade, apesar disso, a incrível vontade de transformação durava somente dois ou três dias.

Em noites consecutivas de experiências, acreditava que manteria o impulso dado pelo mundo extrafísico, porém, alguns dias sem me projetar, eu já sentia o quanto era frágil o meu bem-estar. No entanto, tinha decidido que minha fragilidade, desta vez, não encontraria refúgio em dilemas e culpas.

Se eu ainda não era capaz de me pôr para cima sem ajuda de fora, já sabia muito bem que não deveria me colocar para baixo. Residia em um lar cuja atmosfera era superior àquele no qual tinha morado por anos, o que contribuía muito com meu desenvolvimento.

As tarefas diárias preenchiam meu dia. Os animais dependiam de mim, tinha uma casa para cuidar e um emprego a procurar. Cair na inércia era um luxo que eu não poderia mais me dar.

Orixan ligou eufórico de Tóquio. Desde que partira, só nos comunicávamos por escrito. Ele já tinha se instalado nos arredores da cidade e visitado a escola de artes marciais.

— E os meus bichos?

— Estão bem.

— Fala a verdade, Mei, estão tristes?

— Que nada. Só falta me chamarem de mãe — brinquei para descontrair.

— Vou me encontrar com Ayumi nos próximos dias.

— Grande novidade — ironizei.

— Será que eu e ela ainda combinamos?

— Nasceram um para o outro.

— E você, maninha?

— Eu ainda não fiz nada.

— Ânimo! Quando começar a fazer coisas, não vai mais parar.

A empolgação de Xan era contagiante e, depois de uma hora de ligação, já me sentia mais entusiasmada e quase acreditando que estava no caminho certo. Mais uma vez, buscava forças de fora, porém, não me culpei por isso, porque nem forças eu buscava antigamente.

Sonia e Juan me visitavam com frequência. Notei que o colarzinho de Iansã, oferecido por Orixan, não estava mais no pescoço do menino. A mãe justificou que os pais católicos se incomodaram com o amuleto de candomblé no neto, todavia, eu sabia que foi sua mágoa de namorada abandonada que mandou o colar para o lixo.

Orixan enviara apenas uma mensagem a Sonia. Depois de alguns meses de paixão e cumplicidade, ela esperava que ao menos restasse a amizade entre os dois, no entanto, ele era como a maioria das pessoas. Terminado o relacionamento, mostrava-se menos simpático e receptivo ao outro. Se porventura, minha história com Orixan fosse romântica, quiçá, nossa amizade nunca tivesse acontecido.

O ressentimento de Sonia pelo ex-namorado não afetou nossa ligação, aliás, estreitou-a ainda mais. Embora eu soubesse que a maior motivação da moça era estar próxima a tudo o que lembrasse Orixan, eu não me importava. Precisava de uma amiga.

Sonia trabalhava na loja de roupas de seus pais no centro da cidade. Ela conhecia muito bem as tendências da moda, marcas famosas e lojas de grife. No almoço, deixava o comércio de rua e rodava o shopping da região para se inteirar das novidades do mundo *fashion*.

Numa dessas saídas, descobriu uma loja que estava recrutando vendedoras. Não hesitou, sem me consultar, marcou uma entrevista para o dia seguinte.

— A loja é grande, vende bem, você vai amar — disse, tentando me convencer.

— E por que você não se candidata à vaga?

— Se deixasse a loja dos meus pais, eles não falariam mais comigo.

— Fica tão longe.

— São só dois ônibus!

— Se eu sair da loja às dez da noite, a que horas vou chegar em casa?

— Você vai entrar à tarde, tem mais tempo pra dormir, cuidar da casa.

— Tá bem, eu vou à entrevista.

Não queria parecer ingrata a Sonia ou sem disposição ao trabalho. A verdade é que eu estava com medo de enfrentar um novo emprego e, também, envergonhada de admitir que a ideia de voltar ao comércio, por mais sofisticado que fosse, não me era muito sedutora, já tinha passado os últimos anos no mercado de Divaldo, desejava conhecer outras áreas, entretanto, sem experiência e conhecimento em mais nada, não estava em condições de escolher.

Passei a noite a pensar nos desafios de um local de trabalho novo, pessoas diferentes, a constante avaliação de colegas, clientes e patrões. Como se não bastassem tantos questionamentos, ainda me angustiei com as muitas horas que deixaria os animaizinhos sozinhos.

"Como ficarão minhas projeções, meus estudos extrafísicos? E Tom? Faz semanas que não o vejo", pensei, por fim. E depois de tantas dúvidas e preocupações, adormeci, antes do amanhecer.

Terra do Fogo

Despertei em pleno voo, dentro de um avião de médio porte. Havia várias pessoas, algumas conversando, outras dormindo. Fiz o que muitas estavam fazendo, olhei pela janela. Sobrevoávamos uma cordilheira coberta de neve.

A última vez que estivera num avião foi ainda criança, em uma viagem a Curitiba. Fui levada porque Olívia estava acampando com a turma da escola e minha mãe não tinha com quem me deixar.

A aeronave estava lotada, com dois banheiros interditados e um bebê chorando sem parar. O pequeno não era o único, minha pobre mãe também o fazia. Com os olhos inchados, olhando para o nada, ela dizia:

— Vou pegar no flagra aquele desgraçado.

As razões ordinárias que a moviam para aquela viagem me abalavam de tal modo que fantasiei, durante todo voo, mil e uma maneiras de o avião cair. Salvava a mim e ao bebê em todas as versões. Mamãe morria sempre.

A desagradável lembrança chegou do mesmo modo como partiu, rápido. Sentia que começava a domar meus pensamentos impróprios, pois o sucesso de minhas projeções, em parte, dependia disso. Concentrei-me no voo extrafísico.

Meus olhos brilharam diante daquele mundo gelado que se descortinava pela janela do avião. Que sensação incrível. Melhor que um filme em 3D, precisava apenas focar-me na paisagem para sentir o gelo se aproximando, engolindo-me.

Avistei um ponto vermelho se movimentando pela montanha branca. Foquei-me nele, curiosa. Em *zoom*, vi um homem alto, magro, branquíssimo como a neve, vestindo um manto cor de sangue. Ele caminhava com o auxílio de um cajado.

Persisti na observação, na intenção de colher mais detalhes, quando, subitamente, ele se virou e me encarou. Quilômetros de distância entre a montanha e o avião pareciam agora alguns metros apenas. Dei um sobressalto na poltrona, assustada com o olhar daquele ser magnífico.

— Este lugar é muito bom para tratamentos espirituais — disse um senhor, sentando-se ao meu lado.

— Quem é o homem de manto vermelho andando lá embaixo?

— Há muitos ermitões por estas montanhas.

— Estão vivos?

— Claro, minha filha.

— Eu quis dizer, estão encarnados?

— Não, não, eles atuam no plano extrafísico. As ondas purificadoras que emanam são valiosas para nosso trabalho de limpeza astral.

— Quem são estas pessoas no avião?

— Estão fora do corpo como você. Algumas vieram se tratar, outras apenas ajudar.

— E eu?

— Você veio visitar o local.

Respondida minha última dúvida, o senhor tocou em meus ombros. Uma corrente gelada de vento passou por mim. O avião foi se desvanecendo e outra paisagem se revelando.

Um campo verde surgiu sob nossos pés. Apesar das montanhas nevadas ao longe, estávamos num vale extremamente colorido.

— Já chegou ao seu destino, mocinha, adeus —desapareceu o homem, antes que eu lhe fizesse mais perguntas.

Árvores de folhas vermelhas e amarelas emolduravam um grande lago de cor turquesa. Era noite, porém, o lugar parecia iluminado por mil refletores.

Procurei ao meu redor a fonte de tanta luz. Fiquei pasma ao encontrá-la. Sobre mim havia um céu todo preenchido por estrelas. Nunca tinha visto a Via Láctea a olho nu. Na cidade de São Paulo, é um privilégio enxergar a lua de vez em quando.

A viagem de avião, o ermitão, a galáxia, se voltasse ao físico naquele momento já teria vivenciado o suficiente para preencher meus sentidos por vários dias. Mas não era hora de voltar, tinha ainda uma visita a fazer. Segui meu caminho sem saber aonde estava indo, nem quem encontraria.

Avistei alguém em posição de lótus à beira do lago de cor exótica. Acelerei o passo. Era Tom, sentado sobre o símbolo do *yin-yang*, feito com pedrinhas brancas e azuis.

Meus sentidos, já extasiados com a beleza do lugar, ao vê-lo, ficaram plenos de felicidade, queria abraçá-lo, beijá-lo, mas limitei-me a sentar-me ao seu lado, à espera que ele abrisse os olhos.

Tom sorriu ao perceber minha presença e deitou sua cabeça sobre minhas pernas.

— Pensei que já tivesse partido — comentei, acariciando seu rosto.

— Em breve, Mei.

— Pode me dar alguma informação sobre sua próxima vida?

— Não estou autorizado a falar sobre isso. Me desculpe.

— Autorização?

— Nesta dimensão também temos regras, leis, hierarquia.

— Você se esquecerá de mim?

— A lembrança de alguém importante pode gerar ansiedade, saudade insuportável, expectativas de encontro, e isso não é nada bom para alguém como eu, que precisa de estabilidade emocional para não voltar aos vícios terrestres, entende?

— E quanto a minha saudade insuportável?

— Com o tempo, lidará melhor com a lembrança do nosso encontro. Precisa aprender a trabalhar seu psicoemocional, a encontrar inspiração em você mesma, em atividades interessantes.

— Penso demais em você. Nunca quis me apegar a alguém e agora estou parecendo minha mãe em vida.

— Você não tem nada a ver com sua mãe. Só está apaixonada.

— Seu metido — brinquei.

— O amor romântico deve sempre nos impulsionar para o bem.

— Eu sei.

— Você despertou em mim o desejo de amar, de enfrentar os desafios terrenos, deu-me coragem para aceitar outra chance na Terra.

— E o desejo que você despertou em mim? O que devo fazer com ele?

— Deve usá-lo para motivá-la a continuar o seu caminho, não para se fixar em mim, estagnando sua energia.

— Diz isso com tanto desprendimento, certamente, não está tão ligado a mim quanto estou em você.

— Não diria isso, caso se lembrasse de tudo que passamos juntos em tantas encarnações, de nosso trabalho interdimensional, nossa afinidade infinita.

— Minha vida terrena não tem sido fácil e agora com a sua partida... — lamentei-me com os olhos cheios de lágrimas.

— Nós sempre vamos nos reencontrar. Pode ser na vida terrena, em nossas projeções astrais ou mesmo em um período intermissivo.

— Período o quê?

— Intermissivo é o nome que os estudiosos dão para o período em que vivemos na dimensão extrafísica entre as reencarnações.

— Talvez nunca nos encontremos nesta encarnação. A diferença de idade será grande. Quando se projetar, obviamente, vai buscar outros alvos, como procurar a namoradinha que terá aos doze anos.

— Chega, ok? — ordenou, levantando-se e me puxando pelas mãos.

— Conhece o Tei-Gi, o famoso símbolo que expressa o conceito de *yin-yang*? — perguntou-me, apontando para o desenho sobre o chão.

— Já o vi em vários lugares.

— Ele representa o equilíbrio entre os elementos complementares, o fluxo infinito da energia — explicou-me, enquanto enxugava minhas lágrimas.

— Infinito? Tudo que quero é o agora.

— Ah, minha amada, você sabe tantas coisas, mas não as pratica.

— Só sei reclamar, não é mesmo?

— Não. Você tem razão quando diz que sua vida não é fácil, nunca foi.

— Isso não é desculpa para andar sempre em círculos.

— Estamos todos andando em círculos, porém, se dermos um pequeno passo para o lado, caminharemos em espiral.

— Andando em círculos, mas não os mesmos.

— Exatamente. E você já está trilhando sua espiral — afirmou, abraçando-me.

Caminhamos em silêncio. Exceto pelo cenário interdimensional inusitado e completamente mágico, parecíamos namorados comuns a passear abraçados.

Tom mostrou possuir bom conhecimento sobre aquelas terras e conduziu-me para além dos vales, onde um *show* de luzes violetas e azuis ocupava todo o céu. Segundo ele, tratava-se da aurora austral, raramente vista na dimensão terrena da região, porém, frequentemente observada no plano astral.

— A senhorita me concede esta valsa?

— Valsa? Do que está falan...?

Mal concluí a pergunta e uma orquestra completa plasmou-se diante de nós. Seres de todos os cantos do planeta e colônias espirituais foram chegando para o grande baile, que se formou sob as luzes da aurora austral.

— Os bailes da Terra do Fogo são os melhores do mundo — informou-me Tom, enquanto me tirava para dançar.

Meu amado conduziu-me perfeitamente e eu, tomada por uma estranha sensação de domínio, bailei como uma dama naquele salão a céu aberto. Uma linda experiência que guardarei por toda a eternidade.

— Te amo — declarou-se Tom, beijando-me. Volitamos alguns metros acima do solo. Queria me entregar, como no campo de girassóis, contudo, o tempo urgia. Ele precisava dizer algo mais:

— Sei que está ansiosa com minha iminente partida, mas seja forte.

— Estamos nos despedindo? — perguntei, aflita.

— Eu confio em nosso reencontro.

— Quando? — quis saber, pressentindo meu retorno ao físico.

— Mei, quero muito te reencontrar. Acredite!

— Te amo, Tom, te amo para sempre.

Meu despertador soava forte, arrastando-me de volta ao corpo físico. Constatei que o relógio já estava tocando havia alguns minutos.

A princípio, recordei-me somente de ter partido em um avião extrafísico e fiquei a refletir sobre as diferentes formas de ser levada aos lugares, decerto um critério de cada guia ou da região a ser visitada. Felizmente, não precisava de ajuda para voltar ao plano físico graças ao cordão de prata, que ligava meus corpos. Tornando tudo mais prático.

A partir dessas reflexões, as recordações daquela madrugada vieram à tona. Chorei ao relembrar de imagens e sensações tão fantásticas. Como não verter lágrimas por nossa primeira declaração de amor, exatamente em nosso último encontro?

Uma dor imensa

Após uma curta sessão de carinhos e cuidados com os bichinhos de Orixan, tomei um banho restaurador e segui para a entrevista de emprego na loja do shopping.

Procurei desviar meus pensamentos sobre a impossibilidade de não ver Tom por anos, décadas, por uma vida inteira terrena. Meu coração doía ao pensar nisso.

Concentrei-me na paisagem urbana. Fiquei pior. Cercada de concreto, senti-me numa cela dentro do ônibus lotado. Nada ao meu redor parecia evolutivo. A sensação de deslocamento e angústia dominou-me.

Queria sair correndo dali e não parar mais. Desejei morar numa cidade onde tivesse o mar para me socorrer, purificar-me. O oceano era democrático, pobres, ricos, todos podiam recorrer a ele. Exceto eu, naquele momento.

Um suave formigamento se deu no topo de minha cabeça e me lembrei, com clareza, do mantra que Tom e eu entoamos na entrada do prédio onde minha mãe se encontrava antes do seu resgate.

Fechei meus olhos e, por vários minutos, repeti mentalmente as palavras e os sons, cujo significado não fazia ideia.

Um aroma de pinho penetrou minhas narinas, abri meus olhos e reparei que a mulher do banco à frente usava um colar de pedras verdes. Um senhor simpático, agarrado nas alças do ônibus, sorriu para mim. Retribuí o sorriso e voltei meu olhar para o ponto de ônibus. Uma menininha brincava no colo de seu pai. Pareciam tão felizes, achei belíssima a cena.

O mantra clareara meu olhar tendencioso aos aspectos negativos. Consegui ver pessoas lendo, ouvindo música, conversando descontraidamente. Duas horas depois, cheguei ao shopping.

O preenchimento da ficha de emprego demorou bem mais que a entrevista feita pela gerente da loja, uma jovem com quase minha idade.

Meu currículo profissional não era nada promissor, entretanto, não quis maquiá-lo. Embora tentada a incluir minha função anterior como gerente de minimercado, contive-me e escrevi somente aquilo que sempre fui, uma operadora de caixa registradora.

Convocaram-me para iniciar o período de experiência na semana seguinte. Talvez a gerente tenha ido com a minha cara, mas a verdade é que estavam precisando muito de vendedoras. Uma funcionária terminaria seu aviso prévio em poucos dias e outra entraria em licença-maternidade.

Uma sensação de conquista me invadiu na saída da loja. Aquele seria, mesmo que simbolicamente, o meu primeiro emprego.

Toda a ansiedade anterior à entrevista tinha inibido minhas expectativas, provavelmente, para não sofrer com a rejeição. Porém, quando coloquei meus pés fora da loja, sentia-me eufórica, merecedora de um troféu.

Comprei uma deliciosa casquinha de chocolate, olhei algumas vitrines e peguei o caminho de volta para casa. Desta vez, não precisei de mantra, tudo parecia em seu lugar.

André, funcionário do mercado de Divaldo, estava sentado no degrau do portão. Cabeça baixa, trazia um ar abatido, nem sequer me viu chegando.
— André, tudo bem? Foi o Divaldo que te mandou aqui?
— Não, Mei. Ninguém me mandou, não. Eu vim porque achei que seria a coisa mais decente a fazer. O Divaldo disse que sua irmã pediu pra te avisar, mas que ele não avisaria.
Um calafrio percorreu o meu corpo, minhas pernas bambearam, minha saliva secou, não consegui falar nada.
— É... Infelizmente, o seu sobrinho partiu hoje de manhã — informou-me com os olhos lacrimejados. — Você ia acabar sabendo pela vizinhança, mesmo assim, preferi te avisar.
Meu corpo perdeu as forças, minha garganta travou. Aquela foi a pior notícia que já ouvi em toda a minha vida. Sem palavras, abracei André que me ajudou a entrar em casa.
A morte física de Ícaro nunca fizera parte das minhas previsões negativas. Acreditava que seu corpo voltaria a funcionar plenamente, contudo, naquela manhã, seu coraçãozinho sofrera uma parada cardiorrespiratória.
— Você sabe como é Divaldo... Falou que se você aparecer, ele vai te expulsar do cemitério. Por isso, se precisar de companhia, conte comigo — disse-me antes de partir, comunicando a hora e o local do funeral.

Sozinha na sala, gritei, gritei. Doía muito a perda do meu sobrinho, que ajudei a criar como a um filho.

No desespero do momento, não pensei no plano extrafísico, na continuidade de sua vida, na libertação do seu corpinho, simplesmente não pensei. Apenas sentia a profunda dor da separação. Chorei por muitas horas.

Fiz mais do que sofrer sua perda, quase entrei no circuito trevoso com o qual tinha tanta intimidade. Amaldiçoei mil vezes quem o raptou. Odiei Divaldo por ter se descuidado dele na fatídica noite que havia sumido. Culpei-me por não ter previsto sua morte e por não estar com ele no momento de sua partida.

A campainha salvou-me. Era Sonia, pronta para me acompanhar ao velório. Decidi comparecer durante a madrugada, pois pressenti que Divaldo não passaria por tudo isso sem me linchar verbalmente, e talvez fisicamente, diante do caixão de seu filho. Não temia o embate com meu cunhado e, sim, o desrespeito com Ícaro.

Sonia partiu para o velório e ficamos de nos ver no enterro. Novamente sozinha, recorri ao meu caderno de relatos para recuperar meu equilíbrio.

Após reler os momentos lindos que passamos juntos no astral, tive certeza de que muitos outros encontros aconteceriam.

Passei a noite em claro, ora lendo, ora chorando, ora rezando, mas sempre evitando pensamentos obscuros. De certa forma, velei o pequeno Ícaro a distância.

Antes de o sol nascer, numa madrugada muito fria, fui me despedir fisicamente do meu sobrinho. Havia poucas pessoas na sala do velório, a maioria dos vizinhos já passara ao longo da noite. Olívia e Divaldo tinham ido trocar de roupa.

"Oh, Senhor, que cena mais triste ver o meu menino no caixão", comentei, em prantos, para mim mesma.

Toquei o seu corpinho, beijei a sua face, a chama da vida já tinha partido horas atrás, deixando apenas um rosto sereno, pálido. Doía demais ver o corpo de Ícaro sem vida. Fui caminhar pelo cemitério à espera do enterro.

O ar estava carregado de umidade. O nevoeiro encobria todas as alamedas do campo santo. Impossível não pensar numa aparição. A ideia não me suscitou medo algum. Na verdade, desejei muito ver Ícaro, porém, sabia que a clarividência não era meu forte.

— Mei...

Uma voz rouca me chamou:

— Mei, cadê você?

Apesar da rouquidão, identifiquei a dona da voz. Era minha irmã. Não conseguia enxergá-la, entretanto, segui a direção do som a passos rápidos e cheguei até Olívia. Ela deu-me um abraço apertado.

— Ah, minha irmã, minha irmãzinha, pensei que me abandonaria no dia mais terrível que uma mãe pode viver.

— Jamais faria isso, Olívia, amo muito meu sobrinho.

— E a mim, você ama?

— Claro, irmã.

Choramos abraçadas por vários minutos, depois ela retomou o diálogo, soluçando:

— Meu filhinho estava em coma, ainda assim tinha vida e agora, acabou. Acabou tudo. Eu estou morta, Mei. Morta e desenterrada. Como viver com essa dor imensa?

— Gostaria de te falar sobre a continuidade da vida, mas você e seu marido...

— Não, não tem "mas", me conte tudo sobre a continuidade da vida — gritou Olívia, ajoelhando-se aos meus pés. — Esqueça o ignorante do Divaldo. Quero matar essa dor, essa saudade alucinante. Como posso estar mais próxima do meu filho?

Abaixei-me para abraçá-la. Não queria que minha irmã ficasse de joelhos me implorando um contato com Ícaro.

Desejei dizer algo realmente significativo e verdadeiro, não somente palavras de consolo passageiro que, muitas vezes, confortavam mais o consolador do que a pessoa necessitada.

Visualizei meu sobrinho. Vi-o numa gostosa manhã de sol, correndo pelo laranjal, brincando com as outras crianças. Depois, sentado sobre os galhos, com os pezinhos balançando no ar. Fazia malabarismo com as laranjas.

— Primeiro, o luto, depois, o reencontro — disse com os olhos fechados. As palavras saíram da minha boca involuntariamente.

— Não posso esperar! — afirmou Olívia, aflita.

— Tudo a seu tempo, irmã — falei mais uma vez, agora certa de que aquelas palavras não eram minhas. Estava sendo influenciada a transmitir tal mensagem.

— Mei, Mei?

Abri os olhos. Olívia já tinha parado de chorar, intrigada com meu transe. Por um segundo, vi uma pequena luz do tamanho de um feijão a brilhar sobre o ventre dela.

— Você está grávida? — perguntei.

— Não que eu saiba.

— Sim, você está grávida.

Percebi a emoção em seus olhos. Por intuição, soube, naquele momento, que Olívia estava gerando uma menina, porém, nada comentei, afinal, seu filhinho seria enterrado em poucos minutos.

Voltamos de mãos dadas para a sala do velório. Divaldo não me cumprimentou, talvez mais por vergonha de seus atos do que por convicção cega de que eu era a causadora de suas mazelas. Graças a Deus, parecia pouco disposto a escândalos.

Enterramos o corpo do meu amado sobrinho Ícaro sob uma atmosfera de muita tristeza, mas também de paz.

Senti a presença dos irmãos espirituais, enviados especialmente para aquietar nossos corações naquele momento de despedida física.

Com a promessa de nos falarmos em breve, despedi-me de Olívia com dor porque sabia que ela queria estar comigo. Divaldo, no entanto, era uma bomba-relógio e, a qualquer momento, poderia explodir em acusações e ameaças. Ninguém precisava de uma briga naquele dia já tão pesado.

Tentações

Na segunda-feira, minutos antes de sair para meu primeiro dia de trabalho na loja, o celular tocou. Era Olívia.

— Mei, você estava certa. Fiz um teste de farmácia e deu positivo, estou grávida. Não contei ainda para o Divaldo.

— Por quê?

— É difícil, parece que estou querendo substituir meu filhinho — confessou chorando.

— Sabe que não é nada disso. Já estava grávida quando Ícaro desencarnou. E mesmo que engravidasse depois, você, como mãe, sabe que um filho é insubstituível.

— Jamais me esquecerei do meu anjo.

— Tenho certeza de que Ícaro está torcendo pela irmãzinha.

— Você também sabe que é uma menina?

— Eu apenas intuí, acredite se quiser.

— Desculpa, eu não quis duvidar da sua paranormalidade.

— Eu não sou paranormal.

— Então, o que você é?

— Sou apenas aprendiz de viajante astral — respondi, sabendo que sua curiosidade se referia aos relatos projetivos que lera sem minha permissão.

— Quer dizer que seu espírito sai do corpo?

— Todos os espíritos saem do corpo físico, apesar disso, a maioria não se lembra.

— O que eu não daria para ter essa capacidade e poder visitar meu menino — desejou, aos prantos novamente.

— Talvez um dia você consiga se lembrar de tê-lo visitado.

— Você já viu o Ícaro depois do enterro?

— Ainda não, Olívia. Assim que revê-lo, será a primeira a saber.

— Mei? — disse, hesitante.

— O quê?

— Você me perdoa pela forma como tudo aconteceu? — quis saber.

— Já senti muita raiva e tristeza ao longo desses anos todos, mas você é minha irmã e eu te amo, Olívia.

— Você está precisando de alguma ajuda, de dinheiro?

— Começo a trabalhar hoje.

— Que bom, tenho certeza de que se sairá bem.

— Espero que sim.

— Mei, qualquer dia vai me deixar ler de novo aquele seu caderno de relatos?

— Com certeza. Não tenho nada a esconder nem do que me envergonhar.

— Obrigada, irmãzinha.

— Tenho saudades de você, Olívia. Gostaria de estar ao seu lado nestes últimos dias. Infelizmente, minha relação com seu marido é péssima. Quero que saiba que as portas da casa do Orixan estão abertas pra você.

— Eu sei, Mei. Também quero que saiba que as portas desta casa, que é tão sua quanto minha, sempre estarão abertas pra você. Se meu marido não mudar de atitude, terá de mudar de casa.

— Vá com calma, uma coisa por vez.

— Jamais esquecerei que Ícaro foi levado naquela noite graças ao comportamento displicente de Divaldo — desabafou.

— Já conversaram sobre isso?

— Na mesma madrugada do velório. Quando fomos para casa trocar de roupa, coloquei tudo para fora. O que não falei em um ano, durante o coma do meu filho, falei naquela madrugada.

— E ele?

— Chorou feito criança. Nunca mais vou me calar diante dele. Prometo que as coisas vão mudar, Mei.

— Não pensei que tivesse consciência ou coragem para ver o quanto as coisas estão erradas entre vocês.

— Quando mamãe morreu, desejei fazer minha própria família a todo custo. Era a forma que encontrei de não sofrer tanto, de não repetir os erros dela.

— De se sentir protegida.

— Só agora que Ícaro se foi, perdi o medo de perder alguém. O comportamento de Divaldo com você e minha conivência foram horríveis. Precisamos sentar e conversar sobre esses anos todos.

— Sim, vamos falar mais sobre nós, mas agora preciso ir.

— Eu sei. Vá com Deus, Mei.

Despedi-me e segui para a loja, refletindo sobre tudo o que conversamos.

121

Olívia parecia transformada. A dor da perda, que colocou um véu em seu rosto, quando nossa mãe morreu, estava agora libertando seu olhar, tornando minha irmã uma mulher mais determinada e menos medrosa.

Sua aproximação comigo também tinha a ver com a vontade de estar mais perto de Ícaro. Achei normal, pois acreditava que era mais saudável uma reaproximação baseada em interesses amorosos e construtivos do que um distanciamento causado pelo medo e pela alienação, como Olívia já fizera antes.

Na loja, duas vendedoras foram destacadas para me auxiliar nos primeiros dias. Larissa e Caroline eram competitivas e irônicas. Falavam abertamente de suas experiências com homens, lugares e bebidas. Apesar de serem um pouco mais velhas que eu, sentia-me uma pré-adolescente tola perto delas.

A conversa das vendedoras me deixou desconfortável nos primeiros dois dias, depois fui me adaptando. Elas faziam ótimas vendas. Calculei que o segredo fosse a intimidade rápida que estabeleciam com os clientes.

A única coisa que eu tinha em comum com as garotas eram os problemas familiares. Entre uma venda e outra, falavam sobre os conflitos em família e não só, revelavam seus dramas amorosos, suas traições e paixões. Nenhuma vivência edificante para dividir. Arrisquei-me a comentar sobre projeção da consciência e a conversa logo se enveredou para suas eventuais experiências com drogas.

Procurei não julgá-las. Eu vivia numa bolha e não saberia dizer como reagiria às tentações com as quais elas lidavam. Talvez me perdesse de vez. Elas, ao menos, cumpriam suas rotinas com relativa facilidade, embora não fizessem mais do que o básico em suas vidas.

No terceiro dia, fiz uma boa venda. Fui parabenizada por Larissa e Caroline, contudo, percebi que não me orientariam mais, pois me tornei uma concorrente nas vendas.

Na hora do lanche ou no ponto de ônibus, só se ouvia uma palavra: comissão. Tentei me entusiasmar com isso, todavia, não consegui. Nem a riqueza do shopping, nem a possibilidade de bons ganhos me convenciam.

Todas as decisões do meu dia a dia estavam em minhas mãos. Cabia a mim a escolha de qual rumo dar aos pequenos dilemas da vida, por exemplo, que comida fazer, que dia limpar a casa, ficar ou sair daquele emprego. Vivia uma fase de independência e também de solidão. Não me sentia de luto porque sabia que em breve voltaria a ver meu sobrinho, tinha saudade da sua presença física, assim como a de Orixan. Sobre Tom, nenhuma notícia. Eu não saía do corpo desde que nos despedimos.

Na sexta-feira, apareceu um convite para uma festa em um bar próximo. Vi na comemoração uma oportunidade de me divertir e não me frustrar com mais uma noite sem experiências astrais.

Raramente consumia bebidas alcoólicas, no entanto, do suco de frutas para as batidas, foi apenas um pulo e, quando percebi, estava alta.

Não me preocupei com a embriaguez. Na hora, pensei que, com todos os problemas que já tinha vivido, a insistência na sobriedade beirava o masoquismo.

Minhas colegas de trabalho se empolgaram com minha bebedeira.

— É isso aí, Mei, dando adeus à infância — debochou Caroline.

— Acho que nunca tive infância — disse.

— Vamos brindar, então, à perda da seriedade — propôs Larissa, levantando o copo.

— E à perda do homem dos meus sonhos — completei.

— Beber é melhor que sonhar — filosofou um rapaz, sentando-se à nossa mesa.

Larissa fez as apresentações e saiu para dançar com Caroline, desconfiada do interesse do amigo por mim. Ele se chamava Marcos e era o aniversariante da festa.

O jovem estudava administração de empresas e, aparentemente, era o mais charmoso do bar. Não disfarçava o jeito de conquistador em busca de beijos, talvez sexo e nada mais. Tinha o olhar meloso, piscadas lentas, palavras ensaiadas, sorte a minha que estava embriagada o suficiente para tolerar seu teatrinho noturno ridículo.

Depois de uma conversa genérica, ele retornou ao brinde:

— Então, é uma sonhadora?

— Prefiro chamar de viajante astral.

— Você acredita nessa balela?

— Não só acredito como pratico.

— Existem centenas de abordagens científicas que desmistificam isso. Dizem que é tudo produção do nosso cérebro.

— Eu tenho as minhas provas.

— Nunca parou pra pensar que está tudo em seu inconsciente?

— Esqueça. Não quero falar sobre isso.

— Tudo criação da mente, garota — disse, arrogante.

— OK, cada um com a sua opinião.

— Não fica chateada, gata — aconselhou-me, voltando a piscar devagar.

Virei mais um drinque e tentei sair da mesa. Marcos puxou-me de volta e me beijou. O beijo lambuzado, regado a álcool de ambos os lados, não me caiu bem, causou-me enjoo. Desvencilhei-me à força e parti. Peguei o primeiro táxi, sem me despedir das colegas de trabalho.

Em casa, as bebidas ingeridas acabaram no vaso sanitário. Sem forças para uma chuveirada, encostei-me aos azulejos da parede e adormeci.

Acordei com o choro de um bebê. Encontrava-me em um corredor extenso, revestido de azulejos brancos. Um ambiente frio e antisséptico.

Levantei-me ainda zonza com a bebedeira e segui pela passagem, à procura da criança que chorava.

Depois de passar por vários quartos vazios, cheguei a uma sala enorme, repleta de recém-nascidos. "Tom está aqui", afirmei para mim mesma.

Examinei cada bebê. Não encontrei o olhar do meu amado em nenhum. Achei estranho o fato de estar sozinha ali. Se estivesse em alguma maternidade, decerto veria enfermeiras, mães e médicos a circular.

— Mei, Mei, estou aqui — ouvi a voz de Tom. Saí em disparada da sala. No fim do corredor, avistei um quarto com uma luz vermelha.

—Tom, estou indo, corri entusiasmada.

O que parecia um simples quarto, revelou-se um amplo bar, similar ao que acabara de frequentar na vida terrena.

Percorri os olhos através da fumaça rubra. Não havia ninguém, exceto ele, sentado ao fundo. Caminhei cautelosa. Os cabelos castanhos caídos sobre os ombros largos, o jeito de se sentar, tudo lembrava Tom.

Acariciei seus cabelos. Ele se levantou. Era Tom. Tão sensual quanto aquele ambiente, ele me tomou nos braços e me deitou sobre a mesa. Nada a ver com a delicadeza de nossos encontros anteriores, cheios de conversas e toques sutis.

Pensamento é ação no mundo extrafísico, por isso, ficamos nus de imediato. Tom estava mundano, agressivo, porém, excitada, procurei não me fixar em seus aspectos ainda desconhecidos.

Tom penetrou-me com vigor, sem me beijar. Ao contrário do êxtase que vivenciei no campo de girassóis, apenas com o acoplamento de nossos corpos astrais, desta vez, senti um prazer físico desconfortável na região genital.

Queria abraçá-lo, mas ele me manteve afastada até concluir o coito extrafísico. Por fim, entrelaçou-me e não me soltou mais. Não era um abraço romântico, era bruto e sufocante.

Uma energia densa saía de mim e interpenetrava seu corpo. Em vão, tentei desgrudá-lo de mim. E antes que minha energia se esvaísse, agarrei em seus cabelos e o encarei. O rosto de Tom foi se transfigurando nas feições de um homem que nunca tinha visto. Gritei com pavor. Queria acordar daquele pesadelo.

Um buraco se abriu no teto e uma luz feito um holofote se acendeu sobre nós. O rapaz afastou-se, irado.

Do alto, desceu um homem e um cão negro do tipo egípcio. O farsante tentou fugir, mas o cachorro voou sobre ele e abocanhou seu braço, levando-o para o alto. Ouvi os gritos do usurpador até que ele desaparecesse na imensidão escura do céu.

O homem que acompanhava o cão aproximou-se e cobriu meu corpo com uma manta verde. Reconheci-o.

Era Padre Zezinho, vestindo uma túnica branca e um cinturão feito com centenas de pedras ônix.

Levantei-me rapidamente. Tomada pelo constrangimento, evitei encará-lo. Sentia-me humilhada, envergonhada. Chorei com pena de mim mesma. Padre Zezinho abraçou-me.

— Eu devia ter desconfiado, padre.

— Foi um ataque rápido e ardiloso, filha.

— Eu quis me iludir, desejando que ele fosse Tom.

— Sim, eu sei. Mas existem obsessores com um ótimo treinamento, o que dificulta muito a vida de pessoas despreparadas.

— Até o cachorro é mais esperto que eu.

— Os obsessores só não morrem de medo da Toti porque já estão mortos — disse rindo para descontrair.

— Toti?

— Toti é uma protetora da linhagem egípcia.

— O cão é uma mulher?

— Sim. Alguns protetores preferem se transfigurar em animais para enfrentar os malfeitores.

— O que aquele homem tem contra mim?

— Nada. Queria apenas sua energia densa.

— Para quê?

— Para alimentar seus vícios terrenos, sentir-se mais forte.

— Como vim parar aqui, padre?

— Você voltou ao bar em que esteve horas atrás e o assediador captou seus desejos.

— E os bebês?

— Antes de adentrar na dimensão astral do bar, você criou, em forma-pensamento, um ambiente parecido com uma maternidade, influenciada pelo banheiro em que se encontra

127

seu corpo físico e baseada na suposição de que encontraria Tom reencarnado.

— Que insensatez.
— As paixões nem sempre são boas orientadoras.
— Tenho muita saudade de Tom, penso muito nele.
— Deve buscar ter uma vida própria.
— Como assim?
— Quando estiver mais lúcida, pensará a respeito.
— A bebedeira influenciou minha projeção?
— Sem dúvida. O álcool que ingeriu repercutiu em seu corpo astral, assim como o ataque que acabara de sofrer poderia se refletir em seu corpo físico, se não houvesse intervenção.
— De que forma o assédio se repercutiria na minha vida terrena?
— Trauma, doença, tristeza.
— Não preciso de mais problemas!
— Ficará bem, filha. Enquanto estamos conversando, esta manta enrolada em você está limpando seus corpos.
— Obrigada, padre.
— Descanse, menina.

Dito isso, Padre Zezinho encostou o dedo polegar no centro de minha testa e retornei ao plano físico.

Dia de faxina

Sábado de ressaca. Acordei péssima. A lembrança da embriaguez não me incomodava, no entanto, minhas ações no astral foram dignas de uma desequilibrada.

Sorvendo o forte café, refleti sobre Tom e o frescor que a paixão trouxera ao meu dia a dia. Ele tinha me revelado o prazer de amar e ser amada. Entretanto, eu havia associado esses sentimentos à projeção astral. Era chegada a hora de separar as experiências.

Tom era amor. Já a projeção da consciência era minha missão e inspiração para enfrentar as barreiras terrenas, para continuar minha aprendizagem espiritual. Era o meu caminho.

Receei ter retrocedido alguns passos em meus estudos extrafísicos devido àquela noite e, talvez, não conseguisse me projetar tão cedo. Examinei minuciosamente as minhas incertezas e percebi que tinha um ponto a meu favor, não estava me sentindo culpada. Envergonhada, sim, tinha meus pudores e não me livraria tão cedo deles, contudo, começava a entender que podia me tornar responsável por minhas ações e meus pensamentos, sem me culpar e me punir por eles. A lição que tirava dos erros estava virando aprendizagem e não martírio. Quanto aos erros dos outros, não os queria mais para mim, não me pertenciam.

Concluí que não retrocedi em meus estudos, aliás, aprendi mais. Viajar pelo astral, conhecendo lugares e seres tão ímpares era uma dádiva e, quem sabe, uma conquista. E como conquista, minha esperança era que ela não me fosse suspensa, pois me pertencia.

Pela manhã, conversei com Xan, sempre cheio de novidades e curiosidades orientais. Os cachorros disputaram espaço na tela do *laptop* e os gatos se limitaram a rodear a máquina, atraídos pela voz do amigo.

— Você está meio carregada, maninha — comentou ele, reparando em meu olhar de ressaca. Limitei-me a explicar que tinha ido a um bar com o pessoal do trabalho.

Meu amigo fez questão de entoar alguns cantos. Foi uma festa, os cachorros até uivaram. Revigorei-me com a força da sua voz e toda a emoção empregada na pronúncia das palavras, que falavam de purificação.

Antes de encerrar a ligação, Orixan me deixou curiosa com uma pergunta:

— Mei, você sabe se o Juan ainda usa aquele colarzinho de Iansã que dei pra ele antes de viajar?

— A Sonia tirou o colar dele, me disse que seus pais são muito católicos e não gostam desse tipo de coisa.

— Mentira dela!

— Também acho, mas ela é a mãe e sabe o que faz.

— Nem sempre.

— Por que essa preocupação agora?

— É um colar de proteção.

— Juan está correndo algum perigo?

— Não sei, na época, pressenti que devia dar o colar pro menino e me lembrei disso agora.

— O fato de se lembrar disso agora não tem a ver com saudade?

— Sempre gostei do garoto.

— Não estou falando do Juan.

— Saudade da Sonia?

— Por que não? De repente quer alguma desculpa pra falar com ela.

— Tô pensando em pedir Ayumi em casamento.

— Já?

— Não quero mais esperar, nos conhecemos há muitos anos e ela é a mulher da minha vida. Entende, maninha?

— Completamente.

— Pera aí, você conheceu alguém? — sondou.

— Ninguém.

Preferi ocultar a minha história com Tom. Falar de um romance astral soaria como algo surreal mesmo para Orixan, tão espiritualizado em se tratando de cultos afro-brasileiros, porém, muito pé no chão no terreno do amor.

Passei o dia limpando a casa. Nunca fizera uma limpeza com tamanho esmero. Problemas e faxinas são ótimos aliados.

Não fui trabalhar, aliás, não queria mais voltar à loja. Poderia ignorar os próximos convites para beber, entretanto, não poderia ignorar o quanto aquele ambiente não me era agradável. Não queria repetir a experiência de anos de frustração no mercadinho do meu cunhado. Estava decidida, pediria demissão.

No princípio da noite, Anderson me ligou para dar os pêsames atrasados. Desculpou-se por ter passado rapidamente pelo velório de Ícaro e também por não ter ido ao enterro.

O investigador queria se reaproximar, mostrando-se disposto a ser meu amigo, antes de qualquer investida. Um bom recomeço para desfazer o clima estranho que ficou entre nós após o caso do Zé Roxo.

Prometeu-me uma visita no domingo, visto que estaria de plantão naquela noite. Segundo ele, as ocorrências policiais aumentavam durante as festas juninas e aquele seria o último sábado de comemorações.

Não era sua intenção, todavia, essa última informação só me trouxe lembranças ruins sobre nós. Como me esquecer de que um ano atrás meu sobrinho fora raptado numa quermesse, durante nosso primeiro encontro.

Saí do banho direto para o sofá, procurando distrair a cabeça com programas de TV leves de sábado à noite. Adormeci.

Minha consciência despertou na casa de Olívia. Estava de mãos dadas com Padre Zezinho. Desta vez, o sacerdote trajava uma batina franciscana.

— Padre, gostaria de me desculpar pela noite anterior.

— Boa noite, filha.

— Boa noite.

— Não estou aqui para condená-la ou perdoá-la. É tudo experiência, aprendizado.

— Eu sei.

— Os cães ladram e a caravana passa — disse, depois completou com um riso — e a vergonha também!

— Padre, verei meu sobrinho hoje?

— Calminha. Você vai vê-lo, mas antes temos trabalho.

Padre Zezinho me avisou que os corpos extrafísicos de minha irmã e de seu marido não se encontravam na casa, passavam por tratamento numa estância no astral.

Parados na entrada da sala, assistimos à falecida mãe de Divaldo distribuindo acessórios funestos pelo ambiente, tal qual uma decoradora das trevas. Havia coroas de flores, velas gigantes, caixão, tecidos roxos, tudo que remetesse à morte. A intenção da mulher era realizar um longo velório do neto na casa.

Incitar o eterno luto em seu filho e em sua nora foi a maneira que ela encontrou de se fortalecer no ambiente. Por muitos anos, alimentara-se de nossas brigas. Sua estratégia, agora, era intensificar a tristeza dos moradores da casa, pois Divaldo começava a apresentar sinais de mudanças benéficas, após a recente notícia da gravidez da esposa.

Vestida de preto, a senhora obesa de pálpebras escuras dava enérgicas ordens aos dois homenzinhos franzinos que eu vira debaixo da mesa na projeção de outrora. Tratava-se de um irmão dela que falecera de tuberculose, ainda moço, e de um antigo agregado de sua família.

Os convidados começaram a entrar na sala iluminada por velas. Eram espíritos que aplicavam as mesmas técnicas em seus familiares e amigos encarnados. O grupo frequentava todos os eventos promovidos pelos seus integrantes.

Havia entidades chorosas, outras perturbadas, com rostos desfigurados e, também, as vaidosas e arrogantes, essas últimas se mostravam seguras, ostentavam roupas extravagantes, similares às vestes de vampiros e bruxos a que assistimos nos filmes.

Senti medo. Queria que Irmã Benedita estivesse conosco. Estávamos imperceptíveis até o momento, no entanto, meu medo poderia nos deixar expostos antes da hora.

Padre Zezinho, prontamente, abraçou-me, unindo nossas cabeças. A ação do padre transmutou minha energia e minhas roupas, passei a trajar um vestido branco com finas listras douradas.

— Pegue isto e espalhe em torno da sala — orientou-me.
— Um incensário?
— Um turíbulo carregado dos três "cês".
— Três "cês"?
— Café, canela e cravo da índia, manufaturados especialmente pela mestra Aromatiza.
— Eles vão me ver?
— Se houver um ataque, aplique o que já aprendeu com nossa querida Irmã Benedita — aconselhou-me com uma piscadela, assumindo que lera meus pensamentos.

Dito isso, Padre Zezinho retirou uma grossa corrente de ouro em torno de sua cintura. Enrolou-a na mão como um chicote. Abaixou o capuz marrom e adentrou no aposento.

O sacerdote, que sempre me pareceu um homem pacato, de meia-idade, lembrou-me um guerreiro medieval.

A fumaça do turíbulo encobriu todo o ambiente. As entidades se agitaram, olhando-se desconfiadas, dado que ainda não tinham percebido nossa presença.

O brilho da corrente atraiu os olhares e, ao nos descobrirem, rapidamente formaram um círculo em torno do padre. Intuí que deveria ficar de fora, apenas espalhando o incenso.

Os espíritos mais covardes saíram correndo. Entretanto, vários resistiram. Uns dirigiam insultos inomináveis, outros buscavam o recurso do ataque mental. Imóveis, eles lançavam um fluido viscoso em direção ao padre.

— Você não foi convidado, desgraçado — berrava a mãe de Divaldo.

— Esta não é a sua casa, dona Vera.

— Não me chame por esse nome. Todo mundo aqui me conhece por Gorda.

— A senhora sairá desta casa hoje.

— Jamais. Jamais.

— Dona Vera, não me obrigue a usar esta corrente.

Os dois homenzinhos, agachados atrás da mulher, ao ouvir a palavra "corrente", saíram engatinhando da casa, junto com outros tantos.

Dois espíritos transfigurados de vampiros e um com deformações na face pularam sobre as costas do padre.

Um tentou degolá-lo e os outros dois, desmembrar suas pernas, ignorando a impossibilidade de um corpo extrafísico sofrer tais mutilações, exceto se por indução de pensamento do próprio espírito agredido ou por instrumentos especiais.

Mesmo sabendo que a mutilação não se daria no corpo do padre, o ataque objetivava causar terror e medir forças. O sacerdote, então, dotado de grande vigor, jogou a todos contra a parede extrafísica. Os três tentaram fugir, surpresos com o contra-ataque poderoso, contudo, Padre Zezinho não deixaria impune a ousadia dos três. Posicionou sua corrente e chicoteou um a um. Os espíritos malévolos se fragmentaram, deixando um rastro de pó no ar, que logo se dissolveu.

A corrente dourada dos monges era um instrumento poderoso contra entidades trevosas, tirando-os de circulação por um bom tempo.

Alguns espíritos, confiantes da própria força, não se intimidaram. Mantiveram-se firme no propósito do ataque mental. Um deles, vestido de bruxo, com várias cicatrizes no rosto, aproveitou-se da conversa que o padre retomou com Gorda e caminhou em minha direção.

— Adoro apavorar encarnados.

Com medo, girei o turíbulo em torno do meu corpo, na esperança de manter o espírito distante com o cheiro do incenso.

— Não temo fumaça — afirmou gargalhando. — Agora que eu te conheço, vou te perturbar todas as noites.

Precisava ser forte. Projeções interrompidas, devido ao pavor, podiam causar péssimas repercussões psicológicas. Sabia o quanto era importante finalizar uma sessão de desassédio.

O cheiro do incenso penetrou minhas narinas, ampliando meus sentidos. Lembrei-me de um trecho da canção religiosa que Irmã Benedita cantou em nosso primeiro encontro no astral.

— *Segura na mão de Deus, segura na mão de Deus, pois ela, ela te sustentará. Não temas, segue adiante e não olhes para trás. Segura na mão de Deus e vai* — cantei por três vezes.

Uma barreira de proteção se fez entre mim e o bruxo, que me olhou com profundo desprezo. Apontou-me o dedo na promessa de futuros encontros e partiu, levando os demais, pois não queriam ser atingidos pela corrente dourada.

O incrível poder da música aliado à minha fé fez-me mais corajosa, sem temer a ameaça do obsessor.

A esta altura, a mãe de Divaldo parecia uma panela de pressão. Respirava ofegante, espumava pela boca, nada a faria desistir. Padre Zezinho se preparava para atingi-la com a corrente, entretanto, a mulher não se preocupou, ao contrário, pousando de poderosa, empoleirou-se sobre o sofá e começou a evocar demônios.

Era uma visão feia. Aquela senhora enorme, esparramada de cócoras, chamando por espíritos malignos.

— Dona Vera, jamais voltará a este lar. Parta, em nome de Nosso Senhor Jesus Cristo e do Arcanjo Miguel, guerreiro da luz.

A mulher continuava a vociferar sobre o sofá. Padre Zezinho atingiu-a com sua corrente de ouro, forjada nos planos superiores. Ela se desintegrou e, um a um, todos os objetos funestos também desapareceram.

Rezamos de mãos dadas o pai-nosso. A pedido do padre, deixei o turíbulo sobre a estante. Ele queimaria o incenso por vários meses na dimensão astral da sala.

Padre Zezinho tirou algumas pequenas esferas do bolso e espalhou-as pela residência. Similares aos globos de casas noturnas, as bolinhas lançavam raios de luzes coloridas, purificando o ambiente e criando um halo de proteção ao redor da casa.

O sacerdote conduziu-me ao quarto de Ícaro que, para minha felicidade, estava presente.

— Tia Mei! — disse, correndo para me abraçar.

— O melhor abraço do universo — comentei, emocionada.

— Eu estou muito feliz, tia.

A mestra Aromatiza estava ao seu lado e me cumprimentou com um sorriso, sabia das muitas dúvidas que passavam pela minha cabeça naquele momento.

— Ícaro está se redescobrindo aos poucos. É preciso algum tempo para liberar a memória do seu percurso físico e extrafísico — comunicou ela.

— Ele ficará com a aparência de criança?

— Mais tarde, ele poderá assumir a forma que mais lhe agradar, até o dia que encarnará novamente.

— Cheguei a pensar que Ícaro voltaria em breve. Olívia está grávida.

— Ele continuará conosco.

— Eu conheço o espírito que reencarnará através do ventre de minha irmã? — questionei, assustada com a hipótese de que se tratasse de Tom.

— Conhece muito bem — respondeu Aromatiza com um sorriso no olhar, pois lera meus pensamentos.

— Não me diga que...

— Acalme-se, não é Tom.

— Meu Deus, isso seria muito estranho.

— Embora não se recorde, você e sua futura sobrinha são amigas de longa data.

— Minha mãe?

— Não, não, sua mãe está em tratamento. A garotinha que vem para este lar vai mudar o rumo do casal.

Estremeci. Impossível não chorar com o nome que me foi transmitido em pensamento. Minha sobrinha seria Irmã Benedita. Emocionada, abracei Aromatiza.

Ícaro corria pelo cômodo, decorando o quarto de sua irmãzinha. Havia móveis e objetos de bebê espalhados pelo aposento extrafísico. Não compreendi.

— Olívia está criando em forma-pensamento o futuro quarto da filha. Com o tempo, ela aprenderá a coordenar a dor da perda de um filho com a alegria da criação de outro — explicou-me a mestra.

Aromatiza anunciou o retorno. Abracei meu sobrinho de novo e prometi que sempre o visitaria, ciente de que eu necessitava vê-lo bem mais do que ele a mim.

Ícaro colocou as mãos em minha cabeça e me transmitiu uma cena: encolhida em um canto escuro, uma criança chorava no porão de uma padaria desativada a poucos quilômetros de casa.

Não tive tempo de questionar sobre a imagem transmitida. Aromatiza e meu sobrinho partiram. E a estranha cena se desvaneceu de minha mente.

Padre Zezinho levou-me de volta à casa de Orixan e, antes que fosse embora, agradeci-lhe:

— Padre, obrigada por ajudar minha família, por me ajudar. Essas experiências projetivas têm sido uma espécie de segunda chance pra mim.

— Por muitas encarnações, você tem se preparado para ser uma projetora consciente. Aproveite este momento. Você pode se tornar uma grande auxiliar do mundo extrafísico.

— Ajudarei naquilo que for preciso.

— Contamos com isso.

— Não quero parecer ingrata ou que não tenha aprendido com tudo que me aconteceu, mas preciso tirar algumas dúvidas de forma mais clara e lúcida.

— Pergunte.

— Pode me dizer se Tom já reencarnou?

— Filha, é preciso controlar suas emoções. Deixe o tempo agir.

— Por favor, nunca me liguei a alguém desta maneira, não é fácil abrir mão desta história sem tentar saber algo mais.

— Sim, Tom já retornou à vida terrena.

— Poderei visitá-lo, padre?

— Não é a hora de se encontrarem. Do mesmo modo que apoiamos o reencontro de vocês naquela praia, agora, não facilitaremos isso.

— Entendo... — disse, sem aceitar os planos superiores.

— Vocês voltarão a se ver quando estirem preparados.

— Nessa encarnação? Noutra? No astral?

— Filha, isso vai depender de como conduzirão suas vidas. Não está tudo escrito, nem queremos interferir em demasia. Há caminhos e decisões que incentivamos e outros, não.

— Eu só quero me sentir mais próxima a ele.

— Você não está proibida de procurá-lo com os próprios recursos. Só não se esqueça de que muitos assédios começam com boas intenções egoístas.

— Não me compare aos seres trevosos.

— Podemos nos tornar esses seres, se não orarmos e vigiarmos.

— Eu sei — confessei, baixando a cabeça ao me recordar do homem que se passou por Tom na noite anterior. Um ataque energético que, provavelmente, não teria acontecido se houvesse mais discernimento e menos ansiedade de minha parte.

— Cautela e prudência fazem parte do seu aprendizado. Não desperdice sua reencarnação, filha — despediu-se o padre.

Sem oferecer resistência, nem questionamentos, voltei cansada para o sofá, onde dormia meu corpo terreno.

Queria apenas descansar a minha mente, após aquela projeção bem-sucedida, em que ajudei a limpar a casa de Olívia e revi meu amado sobrinho depois de seu desencarne.

140

Irmandade

Meu corpo estava dolorido quando despertei no domingo, parecia que tinha corrido uma maratona. Faminta, preparei um café da manhã reforçado.

Precisava de calma para relembrar e escrever o que se passara na noite anterior. As lembranças projetivas vieram em blocos. Rememorei o evento na sala de Olívia, a ameaça do bruxo, a mãe de Divaldo estilhaçada pela corrente do padre, o reencontro com Ícaro e a maravilhosa notícia de que Irmã Benedita seria minha sobrinha.

O celular tocou ao final do relato escrito. Relutei em responder, mas depois de tanta insistência, acabei por atender.

— Mei, Mei — gritou Sonia.
— O que aconteceu?
— Levaram meu menino — disse chorando.
— O quê?
— O Juan foi sequestrado ontem na quermesse da igreja.
— Meu Deus, de novo!
— Eu não sei o que fazer.
— Você já foi à delegacia?

— Eu e meus pais passamos quase toda a noite lá, mas o que eles podem fazer? Nada!

— Conversou com o Anderson?

— Ele estava numa diligência.

— Vamos procurá-lo novamente.

— Eu perdi o meu menino, Mei — berrava, desesperada.

— Estou indo pra sua casa.

Ao pousar o celular sobre a mesa, percebi que estava trêmula, em choque. Acontecera mais uma vez.

Vesti-me rapidamente, e, antes de trancar a casa, o cachorro Sansão pulou sobre a mesa da cozinha, pegou um pão e colocou-o aos meus pés. Fiz-lhe festinhas na cabeça. Sansão latiu forte, insistente, e tornou a pegar o pão.

Ao retirar o pão da boca do cão, ressurgiu feito um relâmpago o último gesto de Ícaro na projeção da noite anterior. Em minha tela mental, revi a cena de uma criança chorando em um canto escuro. Concluí que se tratava do pequeno Juan.

Agradeci a Sansão e à entidade que, sem dúvida, induzira o cãozinho à ação.

Liguei para Anderson. O telefone tocou várias vezes. Temi que, com o término do plantão, o investigador já estivesse dormindo, como na última vez em que tentei obter sua ajuda no caso da cadelinha Lilica.

— Alô?

— Anderson, desculpa te acordar.

— Mei?

— Eu preciso muito da sua ajuda.

— Pode falar, eu não estava dormindo. Estou numa diligência meio complicada.

— Você sabe que o Juan, filho da Sonia, sumiu na noite passada?

— Não estou sabendo. Onde foi?
— Na quermesse, como no caso do meu sobrinho.
— Ela já registrou o boletim de ocorrência?
— Claro que sim.
— Quando eu voltar, posso passar na casa dela.
— É que... — falei sem jeito — eu acho que sei onde ele está.
— Como assim?
— Eu vi onde Juan está.
— Mei, de novo aquela história de sonho? Você sabe que é difícil a polícia seguir essa linha de investigação.
— Por favor, se você que me conhece não me dá nenhum crédito, imagina o resto da polícia.
— Olha, eu preciso desligar, logo estarei de volta, então a gente senta e vê como vai lidar com essa informação.
— Só isso?
— Tudo bem, você me passa o endereço do local e vou checar.
— Sabe aquela padaria desativada na estrada dos galpões?
— A estrada é longa, qual é o número dessa padaria fechada? Me mudei pro bairro o ano passado, não conheço tudo...
— Não sei o número, estou nervosa.
— Vamos fazer assim, vou passar aí e você me leva até o local, combinado?
— Combinado.

Desliguei o telefone com a sensação de que Anderson se dispôs a me ajudar apenas para não me decepcionar. Ele não acreditava em meus sonhos e nem sequer cogitou acionar seus colegas para averiguação do local.

Apesar de não ter visto o rosto da criança na visão projetiva, tinha convicção de que era Juan. Contudo, não avisaria Sonia, colocando sua vida em risco como fizera com Orixan, ao descobrir quem envenenara Lilica. Tampouco esperaria Anderson ou perderia meu tempo tentando convencer a polícia que, talvez, com muito custo, fosse ao local tarde demais.

Decidi-me. Sondaria o local por minha conta e encontrando algum vestígio da presença de Juan ou qualquer outra criança, ligaria para a polícia.

Rezei o pai-nosso e parti de táxi para a tal padaria abandonada. O motorista, antes de partir, alertou-me:

— Cuidado, moça, tem muito mau elemento circulando por estas bandas.

— O senhor pode me esperar?

— Claro, só não posso desligar o taxímetro.

— Tudo bem.

— Xi, agora me lembrei de que tenho outra corrida agendada — disfarçou o homem, já que o argumento do taxímetro não tinha funcionado.

O taxista, mais preocupado em dar conselhos a me ajudar efetivamente, partiu, aliviado, pois não queria ficar parado naquela estrada. Embora ainda fosse de manhã, o local não era nada convidativo.

Naquele trecho, havia muitas firmas e muitos galpões, alguns fechados, devido ao domingo; outros, desativados. A padaria ficava na avenida e fazia esquina com uma rua íngreme e sem saída, próxima a uma mata.

Minha intenção era apenas colher indícios da permanência ou mesmo da passagem de alguma criança pelo local.

Não vi carro, moto ou transporte algum na frente do local. As portas de ferro da padaria estavam fechadas com cadeados grandes e enferrujados. Parecia que não eram abertas havia muito tempo. Se alguém estivesse lá dentro, não teria passado por aquelas portas.

Desci a rua com a qual o antigo comércio fazia esquina. Avistei uma garagem cuja porta de ferro estava sem cadeado. Percebi que havia duas câmeras no alto da passagem. O local não estava abandonado.

A última frase do Padre Zezinho voltou a minha cabeça: "Não desperdice sua reencarnação, filha". Meu coração disparou um alerta, deveria sair imediatamente dali e acionar a polícia, mas a teimosia falou mais alto.

Colei meu ouvido na porta na tentativa de escutar algum barulho, pois queria ter certeza antes de fazer a denúncia.

A porta foi erguida bruscamente. Dei um salto para trás. Surgiu um homem de uns trinta e poucos anos, com óculos de grau e aparência frágil.

— Algum problema? — quis saber, tenso.

— É que, que — titubeei — meu cachorro veio correndo pra essa rua e sumiu — disfarcei para não estragar tudo.

— Cachorro?

— Sempre passeio com ele por aqui. Moro numa rua pra cima da mata.

— Acho que vi pelas câmeras um cachorro entrando lá — mentiu sem hesitar, apontando para uma firma.

Senti um frio na barriga.

— Como era o cachorro? — perguntei, examinando a garagem do homem.

Vi um carro com vidros escuros. Desconfiado de meus olhares, colocou-se à minha frente e encerrou a conversa com um indelicado "passar bem".

Embora não restasse nenhuma dúvida de que aquele homem escondia alguma coisa, insisti. Era minha última chance de ver ou ouvir alguém.

— O que guarda aí? — perguntei em voz alta, na esperança de ser ouvida por Juan.

Ele, que já ia baixando a porta, voltou rapidamente, tirou detrás da cintura um cadeado grande e me golpeou a cabeça. Não tive tempo de reagir e paguei o preço da imprudência. Desmaiei na hora.

Minutos depois, abri os olhos com dificuldade. Tive a sensação de estar numa floresta úmida. Ouvi pássaros ao longe. Algo me encarava. Ergui a cabeça e fui tomada por medo e admiração.

Uma cobra naja gigante mantinha sua cabeça quase grudada à minha. Não conseguia desviar meu olhar de seus olhos hipnóticos e, após vários segundos de observação, quando pensei que a naja me daria o golpe final, ela estufou-se e disse com energia:

— Volte, menina bonita, volte.

Encaixei-me bruscamente ao corpo. A cobra não pertencia à dimensão física. Caída no chão gelado, sobre minha poça de sangue, recobrei a memória do ocorrido.

Tinha perdido muito sangue e sentia uma dor insuportável na cabeça. Vomitei. Queria dormir e, finalmente, descansar. Entretanto, um grito despertou meus sentidos.

— Mei, Mei — ouvi a voz de Juan, vinda de algum cômodo próximo. Certamente, o menino tinha me escutado na entrada do local.

Com muito esforço, coloquei a mão no bolso traseiro da calça. O homem levara meu celular. Tentei não me entregar, buscava forças na empolgação por ter ouvido Juan.

Encontrava-me na antiga cozinha da padaria. Completamente desorientada, tentei me levantar. Escutei passos. Deitei-me sobre meu sangue mais uma vez.

— Mei, socorro.

— Cale-se, garoto. Se ela acordar, serei obrigado a matá-la agora. Quero deixar a vadia por último — informou a Juan.

— Me tira daqui, por favor, moço — implorou o pequeno.

— Vou tomar um banho e volto logo.

O psicopata averiguou se eu ainda estava inconsciente. Depois partiu.

Ouvi o homem circulando no andar de cima. Aproveitei para procurar algum tipo de arma para enfrentá-lo, ainda que não soubesse de onde tiraria forças.

— Socorro, pai, socorro — atônita, escutei a voz de um segundo menino, o que fez todos começarem a gritar e chorar.

Distingui as vozes de três crianças, incluindo Juan. Trancados em quartos diferentes, os meninos, apavorados, clamavam pela ajuda dos pais e avós. Uma sinfonia do terror.

Cambaleei de gaveta em gaveta, até encontrar uma machadinha. Saí da cozinha e me escondi em um canto escuro de frente aos quartos. Meu corpo inteiro tremia de frio, minha visão estava turva, contudo, um golpe bem dado derrubaria o maldito.

O homem desceu com uma maleta na mão, vestindo apenas um roupão. Passou por mim sem me ver e dirigiu-se para uma das portas.

Aquela era a hora. Fiz o sinal da cruz e caminhei em silêncio. Enquanto o psicopata destrancava a porta, levantei a machadinha com as duas mãos trêmulas e a desci sobre ele.

O instrumento passou apenas de raspão em seu braço. A primeira reação do homem foi de susto, seguida de fúria.

Tomou o objeto de minha mão, insultando-me com ferocidade. Em desespero, corri. A distância, ele lançou a machadinha, e a lâmina cravou-se atrás do meu ombro direito. Mais uma vez golpeada, caí.

O ser perverso ria ao meu redor, à espera de alguma reação de minha parte, antes de dar seu derradeiro golpe.

— Não temo fumaça — disse-me ao pé do ouvido.

Frase idêntica me falou o bruxo durante a desobsessão na sala de Olívia, indicando a forte influência do assediador astral naquele momento.

Ficou claro que o bruxo estava em meu encalço e com o estado vibracional maléfico em que se encontrava o psicopata, qualquer ser, dentro da mesma frequência, poderia usá-lo de canal.

Já não tinha mais medo. Em pensamento, lamentei não poder ajudar as crianças e desejei que aquilo terminasse rápido, tanto para mim, quanto para os meninos.

Ergui os olhos para o alto. Minha vista, antes turva, começou a clarear, e um hino divino, composto de vozes femininas, tornou-se mais e mais audível.

A melodia do coral, de singular e rara beleza, era impossível de ser cifrada e reproduzida na dimensão terrena, assim como as vozes sublimes.

Enxerguei, por fim, as cantoras. Lindas mulheres de diferentes etnias flutuavam de mãos dadas, formando um círculo sobre mim. Iansã liderava o grupo.

Aquela visão encheu-me de felicidade, não morreria sozinha, trucidada. Pelo contrário, após a minha iminente morte, voltaria à moradia extrafísica nos braços fraternos daquelas mulheres celestiais. Minhas irmãs.

Iansã abaixou-se até meu corpo e me deu um fluido para beber e, sempre enigmática, ordenou:

— Menina bonita, está na hora de gritar. Vamos, grite com todo o vigor de seu pulmão.

Quase expliquei que já não tinha mais forças para gritar, e, mesmo se o tivesse, ninguém me ouviria lá fora. Porém, o estranho fluido, que penetrou em meus corpos físico e astral, me fortaleceu o suficiente para obedecê-la, sem objeções.

Gritei. Gritei feito um animal ferido. Instintivamente, as crianças fizeram o mesmo.

As mulheres se foram.

Escutei uma movimentação do lado de fora da porta de ferro. Depois, tiros na fechadura. Perturbado, o homem correu para sua maleta e pegou um revólver.

A porta começou a ser erguida. O psicopata apontou a arma para minha cabeça e sentenciou-me:

— Morra, vadia.

A luz invadiu o local e, junto com ela, dois disparos no peito do homem. Desmaiei, segundos depois de ver Anderson correndo em minha direção.

Recuperação

Despertei no hospital quarenta e oito horas depois, passaria ainda alguns dias internada. Sofri fratura leve no crânio e no ombro direito.

Ao meu lado, Olívia tricotava. Tentei falar, porém, minha boca estava seca. Minha irmã, rapidamente, deu-me um copo d'água.

— Como está Juan?

— Em segurança — respondeu, abraçando-me com cuidado.

— E os outros garotos?

— Todos em casa.

Tomei mais um gole de água, aliviada em saber que os meninos estavam seguros.

— Foi Ícaro que me indicou o local.

— Meu menino? Como ele está? — quis saber com os olhos lacrimejados.

— Está feliz, ajudando a preparar a casa para a chegada da irmã.

— Aquele ambiente é seguro pra ele? — questionou-me, baseada no relato que lera sobre a mãe de Divaldo algumas semanas atrás.

— A mãe de Divaldo e seus companheiros foram expulsos de lá.

— Realmente, sinto que o ambiente está mais leve, há muito tempo não me sentia tão bem dentro de casa.

— Se tivesse voltado a ler meus relatos projetivos, saberia que sua casa nunca esteve tão limpa. Fique tranquila.

— Voltarei a ler, Mei, quero muito acompanhar a vida espiritual do meu filho e a sua também.

— Olívia, quem está cuidando dos meus bichinhos?

— A Sonia tem a chave da casa e vai lá todos os dias.

— Preciso sair logo daqui.

— Se acalme, Mei, você viveu uma situação muito traumática, precisa se recuperar.

— Eu sei — reconheci, fazendo uma pausa para respirar. — Foram momentos de terror — confessei, comovida.

— Sua atitude foi heroica, irmã, mas poderiam acabar todos mortos. Graças a Deus, Anderson chegou a tempo.

— E ele?

— Me liga toda hora pra saber se você acordou.

— E o monstro?

— Morreu na hora.

— Como Anderson chegou tão rápido ao local?

— Ele me disse que ficou com a pulga atrás da orelha depois do seu telefonema, então, largou o que estava fazendo e foi pra sua casa. Quando não a encontrou, saiu à procura do lugar que você tinha descrito.

— Anderson é um ótimo policial, só precisa aprender a ouvir mais a própria intuição.

— Acho que ele já percebeu isso.

— Será que ele contou sobre minhas projeções na delegacia?

— Ele colocou no relatório que você passeava com o cachorro e ligou pra ele dizendo que tinha ouvido gritos de criança na antiga padaria.
— Passeava com o cachorro? Usei a mesma desculpa quando o psicopata me descobriu. Quase funcionou.
— A história do Anderson também quase funcionou.
— Como assim?
— Quando tudo veio à tona, apareceu um taxista dizendo que tinha te levado ao local.
— E?
— E aí que o Anderson teve que contar tudo ao delegado.
— Pronto, já vão dizer que tenho algum envolvimento com o psicopata! — esbravejei.
— Relaxa, Mei. O delegado tem a mente aberta, já lidou com alguns casos envolvendo médiuns. Ele e o pessoal da delegacia prometeram discrição. Depois de colherem seu depoimento, vão colocar uma pedra em cima do caso.
— Aposto que preferiram usar a história do cachorro no relatório oficial. Esse pessoal morre de vergonha quando recebem ajuda do mundo espiritual.
— Melhor assim, para evitar polêmicas.
— Talvez.
— Mei, posso fazer uma pergunta íntima?
— Se eu disser não, você perguntará do mesmo jeito — respondi sorrindo.
— O cara chamado Tom, que descrevia em seus relatos...
— É um amigo extrafísico.
— Só um amigo?
— Um amigo e também um amor. Por que essa dúvida agora?

— Queria saber se você está livre.

— Ainda estou ligada a ele.

— Sério? Vocês estão namorando, se encontram de verdade?

— Fisicamente? Não!

— Andei pensando em você e o Anderson...

— Juntos?

— Não acha que tem mais chances com o Anderson — perguntou com delicadeza, para não estragar o clima de amizade entre nós.

— Nunca fui apaixonada por ele.

— Não precisa se casar com o cara.

— Eu sei.

— Pense nisso com carinho. Acho que ele te fará bem.

— Pensarei.

— Mei?

— Diz.

— Preciso te contar algo importantíssimo, mas não sei como.

— Eu estou bem, pode falar.

— Há uma semana, mais ou menos, fui procurada por... — interrompeu a fala, hesitante.

— Por quem, Olívia?

— Por nosso pai.

— Pai? Eu lá tenho pai!?

— Ele voltou ao Brasil no ano passado e resolveu investigar nosso paradeiro.

— Pra quê?

— Ele quer se reconciliar, fazer parte da nossa vida.

— Onde estava esse homem quando precisávamos de um pai?

— Não é fácil entender o que ele fez.

153

— Ele mudou de país com a família antes do meu nascimento. Nem me lembro do nome dele porque no meu documento só consta o nome da mãe!

— Eu tinha 12 anos, senti muito a falta dele — confessou Olívia, cabisbaixa.

— Não quero conhecê-lo.

— Ele está arrependido, Mei.

Sem se anunciarem, as lágrimas brotaram em meus olhos. Não entendia tamanha comoção, raramente falava ou pensava nele. Não ter pai era para mim um fato consumado, entretanto, a rejeição e o abandono, que eu sempre fizera questão de sufocar, estavam presentes em cada lágrima derramada em meu rosto. Olívia me abraçou, compartilhando a mesma dor.

O racional dizia não, mas o emocional já tinha dado a sua resposta, e ela era sim. Eu deveria permitir que meu pai entrasse em minha vida.

Desde que adormeci na praia de Paraty, dois meses atrás, minha vida vinha se transformando radicalmente, tal qual um segundo nascimento. E nesta nova vida, eu teria pai.

— Seu nome é João Carlos — disse minha irmã, pressentindo minha aceitação.

O celular de Olívia tocou. Fiquei apreensiva. Torci para que não fosse ele, não estava preparada para recebê-lo. Felizmente, era Orixan.

Meu amigo estava estarrecido com tudo que me acontecera, levantou a possibilidade de voltar ao Brasil em breve. Descartei a ideia na hora. Sua jornada no Japão estava apenas no começo, e por que não dizer que a minha também?

Contei-lhe sobre mais uma providência de Iansã e de como estava grata por ela e por todas as irmãs extrafísicas que me mantiveram firme até a chegada de Anderson.

Comovido, Orixan brincou, fingindo ciúmes de sua mãe espiritual, embora soubesse que aquela entidade, que personificava a figura mitológica de Iansã, era mãe e irmã de muitos devotos e simpatizantes de sua linhagem afro-brasileira.

Por restrições médicas, conversamos pouco. O horário de visitas também acabou, e Olívia se foi, com a promessa de que marcaria um encontro entre mim e nosso pai somente quando eu estivesse preparada.

Tornei a dormir.

Regressão

França, 1239. Os cavalos seguiam por uma estrada estreita de terra. O tempo estava úmido, choveria a qualquer momento antes de anoitecer.

Viajava com quarenta soldados aproximadamente, incluindo meu marido, o comandante do grupo. Eu e três empregadas éramos as únicas mulheres presentes.

Já tentara fugir uma vez daquele homem que odiava, por isso, levava-me junto, mesmo grávida de nove meses. Apesar de bruto, meu marido era apaixonado por mim e fazia de tudo para me manter ao seu lado, até mesmo me arrastar para pequenas missões nos vilarejos vizinhos.

Gritava as dores do parto no fundo de uma carruagem rústica. Os cavalos corriam rumo a um casarão que servia de estalagem.

Ao chegarmos, meu marido pegou-me nos braços e correu para dentro. Deitou-me numa cama grande com uma colcha bordô.

As três mulheres estavam agitadas à procura de todo o material necessário para o nascimento do bebê.

Ele queria ajudar, entretanto, muito a contragosto e aflito, deixou-nos sozinhas, já que homens não acompanhavam partos.

Sofri por muitas horas. Meu marido batia com frequência na porta do quarto em busca de notícias.

No ápice da dor, eu chamava por minha mãezinha, Yvonne, queimada viva dois anos atrás, sob o comando de meu marido. Ela fora condenada pela igreja por conspiração e cumplicidade contra o Santíssimo Sacramento.

Em nossa humilde casa, minha mãe, viúva, mantinha escondido um monge foragido, que trocara a fé católica para professar a doutrina cátara — sistema que pregava a volta da igreja às suas origens e à simplicidade, rejeitando o luxo, a ganância e os rituais católicos.

A mando da igreja, os soldados já tinham devastado inúmeras cidades e ceifado milhares de vidas a fim de extinguir os cátaros. Nossa pequenina aldeia ainda se conservava intacta, talvez pela difícil localização, talvez pela pouca importância, valorizada apenas com a chegada do sacerdote.

Monge Raoul foi discreto quando chegou à nossa aldeia, não propagou suas ideias. Ofereceu-se para ajudar minha mãe na moagem do trigo e se instalou conosco.

Aos poucos, Raoul foi se abrindo. A princípio, mamãe receou de que sua presença nos trouxesse problemas, depois, ao longo de duas estações, já tinha se esquecido de que abrigávamos um fora da lei.

Nunca vira minha mãe tão feliz. Finalmente, um homem em casa. Yvonne e Raoul passaram a viver maritalmente. Formávamos uma família feliz e me encantava a visão cátara do monge sobre como o mundo poderia ser.

Mamãe fingia se interessar pela seita do novo companheiro, entretanto, jamais se deixaria convencer por crenças humanas. Yvonne era senhora das florestas, conhecia as plantas, hipnotizava os animais, mas isso nunca ninguém soube, exceto eu.

Na terceira estação conosco, os soldados descobriram Raoul, seguramente delatado por algum aldeão.

Truculentos, arrancaram-nos de casa no meio da noite. Minha mãe solicitou uma conversa em particular com o comandante do grupo, prometendo-lhe revelações sobre suas práticas heréticas. Intrigado, ele concedeu-lhe o pedido.

Atrás da casa, sob a luz da lua, Yvonne olhou fundo nos olhos do comandante, enquanto produzia sons tranquilizantes de chiado com a boca. Em seguida, persuadiu-o:

— Jovem, aceite minha filha Aimée como sua legítima e amada esposa. Ela é virgem e nunca foi contaminada contra a Santa Igreja.

Em uma situação comum, nós seríamos estupradas, Raoul torturado e, por fim, todos mortos. Porém, minha mãe influenciou meu futuro marido por meio da hipnose e, sabendo ser impossível conter todos os homens do grupo, sacrificou-se para me salvar.

Antes de serem queimados vivos, Yvonne ofereceu uma folha ao companheiro, inibindo as dores do fogo.

Queria ser consumida pelas chamas ao lado de minha adorada mãe, entretanto, ela jamais permitiria que eu tivesse um fim desses e, no dia seguinte, segui com a tropa, intacta fisicamente e quase morta psiquicamente.

Dois anos depois, durante a madrugada, o bebê nasceu e foi levado aos braços do pai.

Eu já tinha auxiliado minha mãe, parteira experiente, em muitos partos. Sabia da importância de se massagear a região do útero para contraí-lo mais rápido, evitando, assim, o risco de uma hemorragia pós-parto. No entanto, permiti apenas que as mulheres elevassem minhas pernas sobre os travesseiros, antes de enxotá-las do quarto.

Exaurida, não queria ver ninguém, nem mesmo meu filho. Já tinha traçado meu destino, e logo que me encontrei sozinha, levantei-me, sob dores terríveis, e passei a fazer movimentos bruscos.

Não demorou para que a hemorragia começasse. Não daria mais nenhum filho para aquele homem. Sairia daquele mundo cruel, abandonando minha criança nos braços do meu algoz.

Quando trouxeram o bebê para ser amamentado, eu já estava partindo. Morri ao amanhecer, olhando em seus olhos, quase a dizer:

— Não se preocupe, pequeno, logo acharão uma ama de leite.

Terminada a experiência regressiva, acordei com a cabeça pousada sobre o colo de Aromatiza, em seu jardim.

— Mãe, mãezinha? — chamei-a com espontaneidade.

— Sim, Mei, já fui Yvonne, sua mãe — confirmou, abraçando-me.

— Padre Zezinho...

— Isso mesmo, era o monge Raoul — afirmou Aromatiza.

As máscaras terrenas estavam caindo, e minha memória, pouco a pouco, ia ligando as personagens daquela vida medieval com as atuais.

— Meu marido era... Meu Deus — disse, atônita —, Anderson? Agora entendo o porquê de tanta resistência de minha parte para me envolver com ele.

— Anderson tem aprendido muito nas últimas vidas, tem usado sua aptidão militar de forma mais prudente.

— Mãe...

— Sim.

159

— Ou Aromatiza?

— Não se preocupe, querida, chame-me como preferir, nossos laços nunca se romperam. Com o tempo se lembrará de outras experiências que passamos juntas.

— Mãe Aromatiza, quem é atualmente o filho que abandonei? Não o conheci naquela vida e sinto que ainda não fomos apresentados nesta encarnação.

— Feche os olhos, Mei, recorde-se do primeiro e do último olhar que trocou com seu bebê naquela vida.

— É difícil, eu não devia tê-lo abandonado.

— Não ativamos sua memória para se culpar, mas para ampliar seu campo de compreensão.

Fechei meus olhos e revivi em pensamento meus últimos minutos de vida medieval. Os olhos da criança me remetiam a sentimentos muito parecidos aos que tinha quando pensava em, em...

— Meu pai! Meu bebê é hoje o pai que ainda não conheço, que me abandonou antes mesmo de eu nascer.

— Correto, filha. O pai que entrará novamente em sua vida.

— Agradecida, minha mãe — concluí, pressentindo meu retorno ao físico.

Ter consciência das antigas conexões que mantinha com Aromatiza e Padre Zezinho era maravilhoso. Saber mais sobre mim e meu pai, realmente, ampliou meu campo de compreensão.

Estava aprendendo que as interligações reencarnatórias eram vastas, únicas e, ao mesmo tempo coletivas, mistas.

Uma parte do meu grupo do século XIII estava presente nesta vida terrena, lidando, assim como eu, com os seus outros grupos de outras encarnações.

Todos ou quase todos tentando fazer o seu melhor, conforme planejado no período intermissivo no mundo astral. Não estava fácil para ninguém.

Recomeço

No dia em que recebi alta do hospital, Anderson e Olívia foram me buscar. Procurei não associar o investigador ao seu passado truculento, afinal, nesta vida, foi ele quem me salvou.

De volta à casa de Orixan, fui recebida com festa. Sonia preparou o almoço, e Juan decorou a sala com balões coloridos.

O pequeno parecia feliz, no entanto, por orientação da polícia, vinha passando com uma psicóloga, pois sabiam que o rapto e tudo o que ele presenciou deixariam marcas por toda a vida e influenciariam, de alguma forma, seu jeito de olhar o mundo e lidar com as pessoas.

Os gatos Xangó, Oiá, Diná e Luara pediram colo, já os cachorros Sansão e Dalila se comportavam feito enfermeiros. Queriam lamber as partes atingidas do meu corpo, entravam e saíam da sala para demonstrar que estavam cuidando de mim e da casa.

Para minha surpresa, Divaldo e seu funcionário André passaram por lá. Meu cunhado, com a desculpa de levar um bolo a pedido de Olívia, cumprimentou-me com um beijo no rosto e, sem jeito, aconselhou-me a ter mais cuidado durante minhas "investigações". Foi a maneira que encontrou de se reaproximar de mim, desta vez, muito mais calmo e livre da influência maléfica de sua falecida mãe.

Depois do desencarne de Ícaro, Divaldo começou a lidar com as questões familiares com mais responsabilidade e carinho. Soube que o casal estava frequentando uma igreja evangélica. Irmã Benedita, minha futura sobrinha, já estava influenciando os pais. Sem dúvida, nasceria no lar certo para continuar sua missão.

Mais tarde, quando estávamos somente eu, Olívia e Anderson, a campainha tocou. Intuindo de quem se tratava, meu coração apertou-se. Estava preparada para conhecê-lo.

Olívia foi atender a porta e trouxe para dentro da sala um senhor elegante: nosso pai. Anderson prontamente se levantou para cumprimentá-lo, dando-lhe um abraço longo, inesperado, tanto que Olívia trocou olhares de surpresa comigo. Não estranhei, tratava-se de pai e filho em outra vida, e a empatia foi imediata.

João Carlos aproximou-se e ficou parado à minha frente, olhando-me, à espera de minha iniciativa. No fundo, à espera de ser aceito desta vez, verdade que somente eu sabia naquela sala.

Olhei em seus olhos como fizera quase oito séculos atrás, entretanto, agora, abri meus braços e o recebi como a um filho. Chorei, e ele, ainda mais, feito uma criança no reencontro com a mãe perdida no tempo.

Soube depois que nunca tínhamos conseguido resolver nossas pendências, nem no mundo extrafísico, nem em duas reencarnações que voltamos juntos. Porém, nossas mágoas se desfizeram naquele abraço. Um abraço sincero, sábio, preparado para o perdão.

— Perdão, filha.

— Perdão, pai.

Embora, conscientemente, ele não tenha entendido meu pedido de perdão, consentiu com a cabeça, assim como eu o fiz, pois ele pressentia que havia algo mais em nossa relação, muito além das aparências.

Passamos o resto da tarde conversando sobre tudo. Até o momento, meu pai conhecia apenas a versão que o cativeiro do Juan fora descoberto durante meu passeio com o cachorro. Anderson não resistiu e contou toda a verdade sobre o rapto e também sobre o caso de Zé Roxo. João Carlos ficou fascinado. Associou o tema com o faro jornalístico e não demorou muito para me convidar para trabalhar no jornal onde era diretor de redação.

Lembrei-me da conversa que tive com minha mãe nas ruínas em que fora resgatada. Segundo ela, eu dizia que queria ser jornalista.

Na hora, mostrei-me apreensiva com a proposta de meu pai, não queria parecer oportunista, todavia, por dentro, estava radiante, não somente com a possibilidade de um trabalho interessante, mas também com sua presença de pai, cuidando de mim, pensando em meu futuro.

Combinamos que se pegasse gosto na rotina do jornal, no início do próximo ano, ingressaria na faculdade de jornalismo. Mal sabiam todos ali que isso já era fato consumado para mim. Não era difícil deduzir que a profissão estava em meus planos reencarnatórios.

Ao fim do dia, meu pai levou Olívia para casa. Antes de partir, combinou que em breve conheceríamos seus outros filhos, nossos irmãos.

Anderson estava ansioso para ficar sozinho comigo. Depois de tudo que passamos juntos e, sobretudo, depois de conhecer meu pai, o investigador estava certo de que tínhamos nascido um para o outro.

Não queria ser rude ou ingrata com o rapaz, provocando, sem intenção, sentimentos de despeito nele, como já acontecera outras vezes. Contudo, não cairia na armadilha de iniciar um relacionamento amoroso no impulso de toda a transformação que vinha ocorrendo comigo.

Após a lembrança da reencarnação medieval, começava a compreender que não conseguiria, nem deveria tentar resolver todos os setores de minha vida de uma só vez. Passei a acreditar que diferentes chances de renovação surgiam sempre, de tempos em tempos. Precisava de menos pressa e mais confiança.

A fixação de Anderson por mim começou no século XIII, após o encantamento de Aromatiza, instigado, provavelmente, por algum elo que já possuíamos antes. Por isso, em silêncio, solicitei ajuda à minha mãe medieval.

Prontamente fui atendida. Sentados no sofá, tomei as mãos de Anderson e fechei meus olhos. O investigador fez o mesmo. E, em pensamento, inspirada por Aromatiza, disse:

— Amigo, eu o liberto para amar outras pessoas. A minha presença não influenciará ou confundirá seus relacionamentos amorosos. Descobrimos uma ótima afinidade evolutiva, a de ajudar pessoas em perigo. Nem por isso, precisamos ser um casal. Vá, cumpra sua missão terrena, de preferência, ao lado de uma boa companhia amorosa, e deixe que eu faça o mesmo. Amigo, você é um homem livre.

Anderson abriu os olhos, cheios de lágrimas. Era como se tivesse ouvido meus pensamentos. Na verdade, algumas ideias também lhe foram transmitidas por Aromatiza.

— Me sinto tão leve, tão bem. Você me deu um passe? — ele quis saber.

— Apenas desejei o melhor para você.
— Gostei muito de conhecer seu pai.
— Eu percebi.
— Mei... — hesitou o investigador —, acho que é melhor sermos apenas amigos.
— Sim, tem razão. Acredito que possa existir uma parceria entre nós, mas ela não é romântica. Entende?
— Claramente — confessou, abismado. — Meu Deus, sei lá o que se passou comigo, as coisas parecem mais claras agora.
— Às vezes, conseguimos nos reconectar com nossas verdades.

Aromatiza já o libertara havia muitos séculos, todavia, devido aos apegos e às culpas do rapaz, ele não conseguia se livrar de sua fixação por mim. Talvez porque nunca mais tínhamos nos reunidos os três novamente, como nessa tarde, em que tudo foi dissolvido. Anderson, finalmente, recebeu e se deu a liberdade. Com ou sem a ajuda espiritual, deixar-se impregnar por influências benéficas era um desafio não só da alma, como também do corpo.

Após sua partida, fiquei a refletir sobre a importância de transcender as barreiras do nosso planeta, composto por energia densa e seres cujas ações e cujos pensamentos são repetitivos, supérfluos e egoístas.

A transformação de padrões emocionais e comportamentais, realizada em condições terrenas, é tão marcante que ultrapassa todos os nossos corpos e fica impressa em nossa essência, dando-se a chamada evolução, baseada nos princípios da cosmoética.

Exausta e em paz, fui dormir.

Freira

Meu corpo astral despertou em um quartinho muito simples, sobre uma pequena cama de ferro. O ambiente era rústico e as paredes de pedra. Julguei, por instantes, estar revivendo outra vida. Resolvi investigar o local.

O longo corredor iluminado por uma de luz suave e relaxante me levou até o pátio do casarão. Avistei muitas freiras trabalhando em várias pequenas hortas.

Passeei entre elas, que cultivavam e colhiam em silêncio. Nunca vira verduras e legumes tão robustos.

Estava em um antigo convento. Não se tratava da lembrança de outra encarnação, mas de um ambiente extrafísico.

O sino badalou duas vezes. As mulheres se encaminharam para a mesma direção do som.

— Vamos, visitante, venha conosco, é hora do chá — disse uma mulher de meia-idade.

Entramos em um imenso refeitório, no mesmo estilo do resto do convento, paredes de pedra, móveis rústicos e iluminação calmante.

O local estava lotado e o silêncio de outrora não existia mais. Sentada em torno de mesas redondas, a mulherada conversava animadamente.

Fui levada a uma mesa, com um grupo muito simpático de noviças.

— Eu sou Anna Beth. Seja bem-vinda — falou uma delas.
— Obrigada. Eu sou a Mei.

No centro da mesa, havia um bule de cobre e, em torno dele, doces e salgados que me pareceram deliciosos.

— Sirva-se, Mei — disse outra. — A propósito, meu nome é Jacqueline, e esta é a Luiza.
— Vocês não vão rezar antes?
— Não oramos na hora do chá, reservamos esse momento para tagarelar — explicou Luiza, sorridente.

Aproveitei a conversa das jovens para experimentar algumas delícias. Os salgadinhos desmanchavam na boca, e os doces, feitos de ovos, que lembravam as iguarias portuguesas, deixavam qualquer um com a sensação de estar no céu, quando harmonizados com o chá de frutas vermelhas.

— Está gostando, Mei? — quis saber Anna Beth, tirando-me do transe gastronômico.
— Divinos! — respondi, fazendo todas rirem.
— As freiras confeiteiras e cozinheiras nos dão muita alegria — disse Luiza.
— Não só a nós; alegram o mundo! — completou Jacqueline.

Não queria interromper o bate-papo descontraído das noviças, mas ansiava por saber o que estava fazendo naquele lugar. Esperei que finalizassem o chá para perguntar:

— Estou aqui por causa do Padre Zezinho?
— Você conhece o Padre Zezinho? — questionou Jacqueline.
— Sim, ele é uma espécie de mentor pra mim.
— Que privilégio! — exclamou Anna Beth.

— Temos aulas com ele todas as semanas. Padre Zezinho é muito estimado por todas nós — informou Luiza.

— Os visitantes que recebemos, em geral, vêm para encontrar alguma moradora do convento. Creio que não esteja aqui para vê-lo — supôs Jacqueline.

O sino tocou, avisando o término do chá. Fiquei sem saber se me levantava como todas as outras que retornavam às suas funções, ou se ficava.

— Fique, Mei. Algo me diz que a pessoa que a convidou logo se apresentará — aconselhou-me Anna Beth.

As noviças se despediram de mim com um caloroso abraço, e o salão se esvaziou. Pensei em tomar mais uma xícara de chá, no entanto, algumas mulheres começaram a limpar as mesas.

Surgiu uma freira caminhando a passos miúdos até mim. Conforme se aproximava, fui avaliando sua aparência para detectar alguma familiaridade. Não a reconheci.

Parou em minha frente, simpática, porém, discreta. Levantei-me.

— Olá, querida.

— Prazer, me chamo Mei.

— Eu sei, filha.

— Estou tentando me lembrar de onde a conheço.

— Desculpe a demora. Estava me preparando emocionalmente para recebê-la.

— Que bom — comentei sem entender do que se tratava.

— Tenho feito alguns tratamentos para trabalhar minhas emoções. Este lugar me traz muita paz.

— Estou me sentindo ótima aqui também.

— Vamos nos sentar, minha filha.

— Sim, sim — concordei, intrigada com a entonação quando ela me chamava de filha.

— Eu assumi outra aparência — informou, comovida — por isso, não está me reconhecendo.

— Seu olhar... — observei.

— O olhar das pessoas diz muito.

— Mãe? Você é a minha mãe Jussara!

— Sim, Mei, sou eu — concordou, abraçando-me.

— Você num convento, mãe?

— É... eu sei, nunca deixei minhas filhas entrarem numa igreja, criticava todas as religiões, joguei fora até a Bíblia que a Irmã Benedita te deu.

— Já não me lembrava mais disso.

— Fui uma péssima mãe.

— Tem aprendido a rezar, minha mãe? — perguntei sorrindo para mudar de assunto.

— Fui freira na minha penúltima encarnação, conheço bem a rotina. Na época, fui forçada a entrar no convento, odiava tudo aquilo. Nunca tive coragem de fugir e começar uma nova vida. Morri velha e rancorosa. Em seguida, reencarnei como Jussara.

— Meus avós também eram muitos católicos, não é mesmo?

— Demais. Eu não podia fazer nada do que as outras garotas faziam. Fora de casa, estávamos em plena ditadura militar e dentro, a santa inquisição. Quando terminei meu curso de secretariado, deixei meu estado e nunca mais voltei a ver meus pais. O resto, você já sabe.

— Por que ficar em um convento depois de tudo?

— Minha história com a religião católica é longa. Já fui vítima e também algoz em nome dela. Preciso fazer as pazes com os princípios crísticos, me preparar para que a religião seja uma aliada em minha próxima encarnação.

— Embora simpatize com todas, não tenho muita ligação com as religiões.

— É natural. Um projetor da consciência passa por inúmeras experiências, tem afinidades espirituais ecléticas. A sua irmã, assim como eu, identifica-se com a linha cristã, infelizmente, desviou-se do caminho traçado originalmente, após a minha morte precoce.

— Nossa vida mudou muito depois que você se foi — concordei.

— Meu ato desequilibrado repercutiu em todas nós. Atrasou, inclusive, seu percurso, Mei.

— Mas estamos voltando para o caminho planejado.

— Tomei conhecimento de que Olívia está ingressando para o lar evangélico e ajudando a resgatar o marido. Sua menininha, como você sabe, é nossa querida Irmã Benedita, uma alma evoluída que trará muitas bênçãos ao mundo, colocará Olívia no serviço assistencial e missionário, escolhido por ela antes de nascer. Graças a Deus.

— E você, minha mãe, está lúcida, conseguindo avaliar com clareza suas experiências. Estou muito feliz.

— As sessões de cromoterapia do Padre Zezinho têm me ajudado muito.

— Confesso que no começo estranhei conhecer um padre cromoterapeuta.

— O catolicismo já trabalha com o poder das cores há séculos, haja vista os vitrais das igrejas.

— Os católicos encarnados sabem disso?

— Poucos. Mas isso não impede que o brilho do sol penetre nos vidros e inunde o templo com feixes de luzes coloridas, salutares.

— Preciso estudar mais sobre isso — disse bocejando, quase a perder os sentidos.

— Mei, sei que seu pai voltou, ele é um bom homem e está tentando reparar os próprios erros.

— Estamos indo bem, não se preocupe.

— Tenho muito orgulho de você. É uma menina maravilhosa!

— Mãe, sinto que logo acordarei.

— Vá com Deus, filha. Eu te amo.

Acordei com o eco da sua declaração de amor pairando em meus ouvidos. "Eu te amo", frase que mamãe me declarou maquinalmente uma ou duas vezes. Nunca imaginei que, ao ouvir aquelas palavras da sua boca novamente, sentiria tamanha felicidade.

Cresci com o estigma da rejeição de meus pais. Receber o amor de Jussara e João Carlos, somente aos 21 anos, talvez não mudasse a forma como minha personalidade, nesta vida, estava estruturada, no entanto, seria como cuidar de um jardim esquecido e abandonado até o momento, mas com grande potencial de revitalização.

Alquimia

Em um mês, comecei no jornal onde meu pai era diretor de redação. Eu trabalhava em apuração de fatos, pesquisa de conteúdo, monitoramento de mídias sociais e afins. Aprenderia com o tempo outras atividades que faziam parte desta função destinada aos estagiários universitários. Apenas com o ensino médio, não conseguiria nada mais próximo à redação, se não fosse por meu pai.

A princípio, meu superior direto não se mostrou confortável com a situação. Depois tudo se normalizou. Eu não era a primeira, nem seria a última a conseguir um emprego por indicação, sem possuir qualificação profissional.

Meu maior entrave era o fraco conhecimento em outras línguas. Na internet, sempre me utilizava de tradutores, no entanto, não queria fazer uso desse recurso por muito tempo.

No segundo mês de trabalho, tratei de entrar para um curso intensivo de inglês e espanhol. Conseguir um emprego por meio de indicação não me envergonhava, porém, mantê-lo à custa de meu pai, sim.

João Carlos era muito querido e respeitado pelos colegas de trabalho e, em pouco tempo, eu também fazia parte desse time de admiradores. Sempre que possível, almoçávamos juntos ou saíamos com o pessoal da redação.

Sozinhos, tínhamos longas conversas sobre espiritualidade, sociedade, política. Muitas vezes, por instantes, pensava estar sonhando, eu ali, na mesa de um restaurante, conversando e rindo com meu pai. Um ótimo pai, por tantos anos dado como perdido.

Olívia e eu passamos a frequentar a casa dele. Conhecemos nossos meios-irmãos. Ninguém tinha seguido jornalismo, tudo indicava que eu seria a primeira, para orgulho de João Carlos e felicidade minha, pois me identificava demais com a profissão e com tudo que ela representava — meu pai.

Meu olhar negativo a respeito de quase tudo, assim como os meus julgamentos excessivos, foi se alterando tal qual em um processo alquímico, e a vida começou a ficar mais interessante.

A realidade violenta, corrupta e triste, que vinculávamos todos os dias no jornal, era agora um mundo para se estudar, interferir, alterar, não um mundo para me derrubar, como antes acontecia.

Passei a viver experiências projetivas com diferentes propósitos, por vezes, assistenciais, auxiliando seres encarnados e desencarnados doentes, deprimidos, desorientados; outras vezes, projeções didáticas, em que frequentava palestras e aulas sobre energia, cores, assédios, corpos sutis; e ainda havia experiências de esclarecimento, nas quais eu acompanhava mentores de pessoas encarnadas, portadoras de intenções mais elevadas do que a maioria dos humanos. Seus mentores lhes inspiravam soluções de problemas, ideias inovadoras, caminhos alternativos em diversos campos de atuação.

Muitas vezes, transbordei de alegria ou de compaixão. Meu chacra cardíaco pulsava como nunca. Sem tantos bloqueios como outrora, eu podia sentir o amor pelo próximo de maneira mais fluida e intensa.

No princípio do ano seguinte, entrei para a faculdade de jornalismo. Em março, nasceu Amélia, minha sobrinha. Ia visitá-la com frequência, no entanto, não podia fazer mais do que visitas. Com o trabalho no jornal e o curso todas as noites, meu tempo livre se encurtou, porém, nos fins de semana, frequentava a casa de minha irmã, sempre junto de Sansão e Dalila, para minimizar a carência dos cãezinhos. Já os gatos supriam minha ausência passeando em seus telhados preferidos ou dormindo aos meus pés.

Olívia ficou fascinada ao saber que a filha era a reencarnação de Irmã Benedita, um segredo apenas nosso. Eu, que nunca me seduzi pelas religiões cristãs, acompanhava, às vezes, a família ao culto evangélico. Amélia era a flor do templo, ninguém sabia, ainda assim sentia que as noites ficavam mais inspiradoras quando a criança estava presente. Era só olhar nos olhos daquela menina linda e toda a energia de Cristo banhava nosso ser.

Divaldo estava mudado. A limpeza astral de sua casa e seu ingresso à religião foram decisivos em sua transformação. Embora a maioria das igrejas não abordasse a vida interdimensional e pouco trabalhasse com o esclarecimento consciencial dos seus fiéis, muitas passaram a ser importantíssimas no papel de contenção do mal e no aumento do assistencialismo terreno. Olívia e Divaldo optaram por absorver o lado mais positivo de sua igreja e pareciam realmente transformados. Em nome de Jesus!

Orixan casou-se com Ayumi, numa cerimônia simples e romântica. Assistimos, eu e a bicharada, a tudo ao vivo, pelo computador. Prometeram que em breve voltariam ao Brasil.

Sonia vinha em casa às vezes, não mais para se sentir próxima a Orixan, mas porque nossos laços se estreitaram depois do rapto do filho.

Numa dessas visitas, trouxe Anderson. Ficou claro que os laços de ambos também tinham se estreitado. O investigador gostava muito de Juan e, livre da obsessão por mim, começou a se interessar por Sonia. Em poucos meses, já namoravam sério.

— Temos tantos casos insolúveis — comentou-me Anderson de forma sugestiva, durante o almoço de batizado de Amélia.

— Por acaso estão precisando de uma jornalista investigativa? — brinquei.

— Se essa jornalista também sair do corpo.

— Você está de brincadeira comigo ou passou a ter fé nessas coisas?

— Minha amiga, já não duvido de mais nada, estou aceitando todo tipo de ajuda. Fico muito triste, por exemplo, quando lido com pais de crianças desaparecidas.

— Seria maravilhoso se a polícia pudesse contar com o auxílio extrafísico para resolver certos casos, mas, se vocês tiverem muita ajuda, vão ficar dependentes dos médiuns e deixarão de buscar novas técnicas de investigação, de rastreamento e identificação de pessoas — opinou meu pai, sentado ao nosso lado.

— Não seria a investigação extrafísica mais uma técnica que devemos aprimorar? — rebateu Anderson.

— Quem sabe — disse, pensativa, imaginando a possibilidade de um dia, quando estivesse apta, poder ajudar a polícia de forma mais pontual.

A praia

Numa noite quente de outono, prestes a completar um ano sem Tom, acordei projetada numa praia. Estava em Paraty, sobre a mesma areia onde tudo começou.

Olhei à minha volta, não havia mentor algum para me guiar, nenhum espírito ou projetor como eu. Segui andando, à procura do propósito para meu corpo extrafísico ter ido parar ali.

O pensamento em Tom era inevitável. Tinha muita saudade dele, porém, estava seguindo em frente. Sabia que qualquer dia me deixaria envolver por algum colega de trabalho ou da faculdade, mas ainda não.

Caminhando perdida em pensamentos, avistei alguém fazendo o mesmo que eu. Em minha direção, vinha um rapaz alto, cabelos nos ombros. Estremeci.

— Será ele? — falei comigo mesma.

Pensei na possibilidade de outro ataque extrafísico, afinal, Tom estava encarnado em outro corpo, por que apareceria na forma antiga? Desta vez, seria cautelosa, analisaria seu olhar e sua energia.

Corri em sua direção. Ele correu também. E quando nos encontramos, pulei em seus braços e nos beijamos apaixonadamente.

Depois do encontro explosivo, controlei-me e fiz a "lição de casa". Avaliei seus olhos, sua energia vibracional. Era Tom, definitivamente. E nos beijamos mais, enlaçados na areia o seu ser e o meu.

Fizemos amor ao som das ondas, sem nada dizermos. Não foi sublime como no campo de girassóis, nem animalesco como no ataque do obsessor. Foi humano, terno, nossos corpos se conheciam, se queriam.

Em seguida, Tom deitou sua cabeça sobre meu colo e falou em espanhol, desta vez, sem recursos astrais de tradução simultânea:

— Te amo.

— Também te amo — respondi no seu idioma, recém-aprendido no curso intensivo que iniciara no ano anterior.

— Nem sei o seu nome.

— Como assim, Tom?

— Sonho muito com você.

— São lembranças dos nossos momentos na dimensão extrafísica.

— Não sei como me lembrei desses sonhos agora. Muitas vezes, me esqueço deles.

— É normal, você é apenas um bebê.

— Um bebê?

— Sim, você reencarnou.

— Neste momento, minha mente está sonhando com uma lembrança?

— Não. Estamos numa projeção da consciência.

— Projeção astral?

— Sim. Seu corpo extrafísico veio se encontrar comigo.

— Fascinante. Se me recordar dessa experiência, vou pesquisar mais sobre o assunto.

— Quando crescer, quem sabe.

179

— Não vai me dizer seu nome?

— Eu sou a Mei.

— Olá, Mei.

— Você sabe me dizer em que país, em que cidade reencarnou? Seu nome atual?

— Quantas perguntas. Isso está me deixando confuso. Onde estamos?

— Na cidade de Paraty, Rio de Janeiro.

— Quero muito conhecer o Brasil.

— A gente se conheceu, ou melhor, se reencontrou nesta praia, quando você vivia no plano espiritual.

— Passei alguns anos no mundo espiritual.

Acariciava seus cabelos, queria aproveitar ao máximo sua companhia, deixá-lo confortável e mais lúcido, entretanto, não contive a necessidade quase desesperada de tirar informações de sua vida terrena.

— Diga, meu amor, está em que país? Não consigo ainda distinguir os sotaques.

— Sou argentino. E você vive nesta cidade?

— Fale mais, Tom, o nome de seus pais, seu sobrenome, endereço...

Tom colocou as mãos sobre a cabeça. Confusos, seus olhos buscavam os meus. Estava forçando sua memória.

— Preciso me lembrar de você, da minha vida espiritual. Parece que todas essas informações estão aqui — bateu na própria testa —, mas não saem. Isso está me deixando louco!

— Perdão, não queria te perturbar. Acalme-se.

— Sinto muita dor de cabeça — reclamou, contorcendo-se.

— Tom, Tom.

Ainda deitado em meu colo, abraçou-me com força. Um esforço em vão, Tom desapareceu diante dos meus olhos. Gritei seu nome, sozinha naquela praia deserta. Chorei, entregue ao desespero da perda.

Nada sabia sobre seu paradeiro terreno e o pior, tornei traumática sua projeção comigo. Deitei-me sobre a areia, queria adormecer meu corpo astral e acordar em meu corpo físico. Não consegui. Ainda chorando, foquei-me nas estrelas.

Tentei me controlar, afinal, esse era um dos meus principais desafios, encontrar equilíbrio emocional nos momentos mais difíceis.

Logo à frente, a poucos metros de mim, surgiu um rapaz de feições árabes, turbante e roupas brancas. Ele manejava uma espada, lutando com o vazio.

Enxuguei as lágrimas do meu rosto e sentei-me para assisti-lo. A princípio, ignorou-me. Não me importei. O vaivém da espada estava me distraindo, como uma criança sendo entretida para o choro cessar.

Quando terminou seu pequeno show, sentou-se à minha frente em posição de lótus e disse sorrindo:

— Faz pouco tempo que readquiri a habilidade com espadas.

Observei o sorriso radiante do rapaz, o olhar amigo sob as sobrancelhas espessas. Quis abraçá-lo, gostava dele, aliás, sentia que o amava.

— Vamos, me dê um abraço, tia Mei.
— Ícaro?

Abracei meu amado sobrinho. Desta vez, as lágrimas eram de felicidade. Fazia muito tempo que não o via.

— Deixou a forma de criança?

— Sim, precisava transmutar as experiências tristes daquele corpinho. Readquiri a aparência de Ikram, minha penúltima encarnação.

— E como devo chamá-lo?

— Como preferir.

— Ikram é parecido com Ícaro.

— Também acho.

— É esquisito conversar com você assim, como um adulto.

— Logo se acostumará.

— Veio me dar uma força, Ikram? — perguntei, um tanto envergonhada.

— Sim, minha querida tia.

— Tenho vergonha de sofrer por amor.

— Há uma ligação muito forte entre você e Tom. Porém, se conhecesse o espírito dele com a aparência de um velhinho doente, manifestaria seu amor de outra maneira.

— Tá dizendo que estou apaixonada pelo visual dele?

— Em parte, sim. Você estava carente quando reencontrou Tom há um ano. Junte carência com rapaz bonito e atencioso e terá na certa uma paixão.

— Sempre fui carente e já conheci muitos rapazes bonitos, por exemplo, o Anderson, mas nunca me senti tão bem como ao lado de Tom. Sua presença me entusiasma, me conforta, me deixa mais doce. Amo Tom.

— Concordo. O amor que sente por ele lhe faz muito bem, porém, se reencontraram recentemente, é um amor apaixonado. E quando essa paixão não pode ser vivida, compartilhada, ela costuma trazer mais malefícios do que benefícios.

— Ou seja, sofro por não tê-lo.

— Sim.

— A paixão, então, é um sentimento denso, mais físico.

— Impulsionada pelos desejos carnais, pelos sentidos, pelas carências psicológicas, referências de vida e por fantasias diversas que criamos sobre o outro e sobre nós mesmos.

— O que devo fazer para lidar com a minha paixão?

— Pense menos em Tom e tente colocar a afinidade e a ligação profunda que sente por ele em outro recipiente, em outro corpo que não lhe incite desejos românticos. Você sofrerá menos.

— Vou tentar imaginá-lo bebê, o que não deixa de ser uma realidade.

— Tente de verdade e conseguirá. Preciso de você bem disposta. Ainda seremos parceiros em muitos trabalhos.

— Que tipo de trabalho?

— Quando estiver preparada, conversaremos sobre isso. Hoje, quero apenas ajudá-la a superar o sofrimento romântico — disse sorrindo.

— Vocês do astral não entendem essas coisas.

— Claro que entendemos, quase todos passamos por isso quando encarnados e, muitas vezes, desencarnados também. A diferença é que, desligados da matéria e das energias densas, ficamos menos dramáticos e dependentes do outro.

— Obrigada pela assistência, querido.

— Ao seu dispor, minha tia.

— Tom está sendo assistido por algum mentor também?

— Naturalmente. A jornada do seu amigo é muito bonita, porém, é crucial que encontre equilíbrio para não cometer os mesmos erros.

— Não queria prejudicá-lo.

— Ele acordará bem. Quem sabe até se lembre dos bons momentos que tiveram hoje.

— São lembranças impróprias a uma criança — comentei rindo, supondo que Ikram não soubesse dos detalhes de nosso encontro.

— Que bom vê-la sorrindo.

— Estou feliz que esteja aqui, meu amado e eterno sobrinho.

— Antes que volte, vamos realizar uma atividade.

Ikram proferiu um mantra e indicou que eu o repetisse. Em posição de lótus, entoamos a frase cuja sensação não foi de paz, como presumi ao iniciar a prática, e sim de vigor.

A poderosa energia invocada pelo mantra potencializou a credibilidade em mim mesma e a plenitude do meu ser. O importante era seguir em frente, sem cultivar sentimentos de falta e de solidão.

Consegui finalizar aquela experiência projetiva me sentindo mais inteira e forte, independente das minhas relações interpessoais.

Quatro anos depois

Primeiro encontro

Domingo à tarde. Meu corpo astral despertou na sala de uma casa desconhecida. O lugar era arejado, limpo e bem organizado. Tinha uma mobília bonita, nada de luxos.

Deitada no sofá, uma mulher dormia ao lado de um bebê que fazia o mesmo, numa cadeirinha sobre o tapete.

Nada naquele ambiente lembrava a missão com a qual me comprometera semanas atrás, sem nenhum resultado até o momento.

Ikram, meu sobrinho e um dos meus mentores, sugeriu que aceitasse o pedido que Anderson vinha me fazendo nos últimos anos: usar a projeção da consciência na busca de pessoas desaparecidas.

Solicitei ao investigador que separasse, segundo sua intuição, alguns casos de crianças desaparecidas para que eu os estudasse e, quem sabe, conseguisse estabelecer contato com os desaparecidos, com a ajuda e a permissão do mundo espiritual.

Depois de quatro semanas e vários casos analisados, não obtivera nenhuma projeção investigativa.

Percorri a cozinha e os quartos da casa desconhecida e voltei para a sala onde a mulher e a criança dormiam.

Não tinha lido nenhuma ocorrência de desaparecimento de bebê. Pensei na possibilidade de estar diante de um caso não selecionado por Anderson. Estava disposta a ficar o tempo que conseguisse para descobrir algo.

O bebê acordou chorando. A mulher despertou num sobressalto, visivelmente frustrada por não dormir mais, no entanto, pegou a criança com carinho e a acalentou em seus braços.

Tão concentrada na cena, demorei um pouco para perceber que alguém me fazia companhia na sala. O corpo astral de uma menina de aproximadamente nove anos me espreitava atrás do sofá. Parecia assustada.

— Olá, mocinha. Não tenha medo. Você mora aqui? — puxei conversa, aproximando-me com cuidado para não afugentá-la.

— Tudo bem? Eu posso te ajudar, fale comigo — insisti.

Sentei-me ao lado da menina trêmula, não apenas de medo, como também de frio. Tornei a questionar:

— Você mora nesta casa?

Com a cabeça, afirmou que sim. Notei suas pálpebras fundas, alguns hematomas pelo corpo e excesso de picadas de inseto, reflexo do que ocorria em seu físico. Suas roupinhas surradas e chinelos gastos destoavam daquele ambiente confortável.

— Onde está dormindo? Não a vi nos quartos — quis saber, desconfiada da presença de um cativeiro na residência.

— Ela vai matar meu irmãozinho se eu falar — sussurrou a garotinha.

— Aquele bebê é seu irmão?

A menina me abraçou aos prantos e antes que pudesse responder, a mulher gritou:

— Acorda, sua cadela, e vem me ajudar!

O corpo astral da criança foi puxado de volta ao físico. Corri na mesma direção, porém, o perdi de vista a caminho do quintal da casa.

Percebi que se tratava de um sítio. Resolvi, então, examinar toda a área externa da propriedade a fim de descobrir algum porão, provável local de seu cárcere.

De dentro da casa ainda se podia ouvir os berros da mulher, que gritava à vontade, posto que o próximo sítio estava distante dali. Quanto mais ela praguejava, mais se afastava da figura inicial de mãe zelosa e cansada, transformando-se na bruxa perversa que a garota tanto temia.

No quintal, não encontrei nenhuma passagem. Estava voltando para examinar o interior da residência, quando reparei uma movimentação vinda de dentro da casinha de cachorro, como se o animal estivesse tentando sair do local.

Primeiro, caiu um trapo para fora. Depois, vi uma mãozinha projetando-se pela abertura para conseguir sair. Levei minhas mãos à boca, perplexa ao ver a mesma garota que estivera projetada um minuto atrás.

A pobrezinha saiu correndo da casinha de cachorro, apavorada. Transpassou meu corpo astral e entrou na residência. Aquela revelação me perturbou de tal maneira que senti um soco no estômago e acabei por retornar involuntariamente ao corpo.

Liguei de imediato para Anderson, que se empolgou com o meu primeiro caso, reforçando seu discurso de que eu tinha muito a contribuir com a polícia.

O investigador me aconselhou a entrar no banco de dados nacional de crianças desaparecidas. Talvez encontrasse a fotografia da pobre menina.

Não sabia se se tratava de um desaparecimento, desconhecia o nome dela e do lugar. Lembrava-me apenas daquele rostinho sofrido, o que já era um começo.

Passei o resto do domingo vendo fotos, lendo relatos. O mesmo aconteceu nas noites que se sucederam. Tinha me formado em jornalismo no último semestre e morava num pequeno apartamento no centro da cidade, portanto, estava com mais tempo para me dedicar à missão com a qual me comprometera.

A pedido de Anderson, passei na delegacia para fazer um retrato falado da menina, pois era possível que a situação dela ainda não tivesse virado caso de polícia.

Ele compartilhou sua imagem com todas as delegacias do país. Mantínhamos a esperança de que, a qualquer momento, alguém ligaria fornecendo informações sobre a garota.

Segundo encontro

Sábado à noite. Após um exercício energético para estimular a decolagem astral, meu corpo espiritual se projetou para fora do físico. Sentado ao pé da cama estava Ikram com um sorriso no rosto e flores brancas na mão.

— Boa noite, querida Mei.

— Boa noite, amado Ikram.

— Trouxe estas flores para apaziguar seu coração.

— Sinto muito. Não tenho preparo para ajudar aquela menina sem o auxílio de vocês.

— Seu treinamento está apenas no começo.

— Queria encontrá-la novamente no astral e fazer mais perguntas para tentar localizá-la.

— Mei, a maioria das pessoas não é projetora consciente. A investigação é sua, não das vítimas, entende?

— Eu sei, as pessoas não têm de estar fora do corpo para serem encontradas.

— Você precisa aprender a conectar-se a elas.

— Não posso apenas fazer uma ponte entre o que vocês me passam e a polícia?

— Você quer que mostremos o paradeiro dos desaparecidos?

— Por que não? A ideia não é ajudar essas pessoas? Por que não me revelam o paradeiro e eu, simplesmente, aviso a polícia?

— Porque precisamos preparar mais e mais projetores para enfrentar as forças destrutivas. Temos muito trabalho a fazer. Todos nós.

— Não quero ficar de braços cruzados, mas a pobre menina não consta no cadastro de crianças desaparecidas. Nem sei como cheguei até ela!

— Você foi atraída até a garotinha.

— Por qual motivo?

— A partir do momento que manifestou o desejo de ajudar crianças, abriu-se uma espécie de campo atrativo.

— Como um ímã?

— Quase isso. Você foi atraída até a menina porque ela vai, às vezes, ao Jardim de Aromatiza quando adormece.

— Então, foi pela afinidade que a encontrei.

— Sim, no entanto, quero que entenda que não é necessário afinidade para estabelecer uma investigação projetiva, é preciso domínio energético.

— Claro, a afinidade ajuda, como em meu último encontro espontâneo com Tom na praia, mas não dá garantias de reencontro...

— Mei, concentre-se.

— Foi mal. Continue.

— Estamos todos conectados, há uma unidade no múltiplo, e é fundamental que comece a reconhecer a multiplicidade do único.

— Meu Deus, é mais complexo do que imaginava. Talvez, por isso, não tenha conseguido encontrar Tom naquela época.

— Não incentivávamos o reencontro de vocês. Entretanto, se tivesse conhecimento e prática em buscas, dificilmente evitaríamos que voltasse a vê-lo.

— Minha ignorância contribuiu para que os arranjos superiores funcionassem.

— Com ou sem a nossa motivação, as pessoas são sempre livres para escolher seus caminhos.

— Certa vez, Padre Zezinho me falou que não estava proibida de procurar Tom com meus próprios recursos. Ou seja, autossabotei minha busca.

— Não se autossabotou, Mei, apenas confiou nos planos espirituais e não voltou a procurá-lo.

— Muitos assédios começam com boas intenções egoístas, disse Padre Zezinho também.

— Correto.

— Desculpe, Ikram, não está aqui para conversamos sobre Tom mais uma vez...

— Tudo bem, você está elaborando melhor sua história, seu aprendizado.

— Obrigada, querido amigo.

— Pelo quê?

— Por me ajudar a ver a vida de maneira mais sábia.
— A gratidão é recíproca.
— OK. Já está tudo em seu lugar, e estou pronta para meu próximo aprendizado — encerrei o assunto com sincera convicção.

Ikram sentou-se em posição de lótus de frente para mim. Fiz o mesmo. De olhos fechados, fui seguindo o seu comando de visualização:

— Inspire e expire três vezes lentamente... Você ouve agora um sino dos ventos tocando com delicadeza. Concentre-se no tilintar das pedras, o som é agradável... Saiba que cada corpo tem a sua própria vibração e identidade sonora. Em pensamento, abra a janela do seu quarto. É possível ver a cidade, ao longe o campo e a praia. Você pode enxergar muito além, ver outras regiões, outros países, outras ilhas... Imagine agora que abre seus braços e sobrevoa uma multidão em diferentes lugares do planeta. Com as palmas das mãos voltadas para baixo, você é capaz de captar a energia dos grupos. Sinta-a em suas mãos. Perceba que cada pessoa, na multidão, possui um cordão que a liga às esferas superiores. São milhões de cordões estendendo-se fora do planeta... Mentalize, neste momento, o rosto da criança pela qual procura. Ofereça a ela as flores brancas que lhe trouxe hoje... Continue a visualizar seu rosto, seu cordão de luz. Quando captá-la genuinamente, seu psicossoma se encaminhará para o local em que ela se encontra física ou espiritualmente.

Ikram silenciou-se. Por quase uma hora, mentalizei o rostinho da criança dentro da multidão, seu cordão de luz e sua vibração.

Senti um vento úmido, gelado. Abri os olhos. Estava sozinha, sentada sobre folhas molhadas. Constatei que meu corpo astral se encontrava numa floresta. Senti uma imensa tristeza, estava absorvida na atmosfera psíquica da menina.

Caminhei por algum tempo por uma estradinha lamacenta. Não queria me afetar pelo clima deprimente do lugar, busquei ter um foco objetivo a fim de não desperdiçar a projeção.

Avistei uma casinha meio torta, típica dos contos de fadas. Intuí que a casa era uma forma-pensamento, isto é, uma construção mental da garotinha, influenciada pela história de João e Maria.

Abri a porta com cuidado, sabia que o espírito da menina estava lá, enquanto seu corpo físico dormia algures. Uma lampadazinha verde, única fonte de luz do local, produzia sombras assustadoras nas paredes de madeira. Entorpecida, a pequena balançava um berço vazio, nem sequer notou minha presença.

Tudo seria mais fácil se a tivesse captado no sítio onde vivia. Já tinha percebido que levaria muito tempo para obter relativo domínio daquela atividade.

A menina parecia mergulhada em um estado de sono e perturbação. Quando estava prestes a dormir, seu corpo astral tinha sobressaltos e tornava a sacolejar o berço.

— Está ninando seu irmãozinho?

— Ele não é meu irmão — respondeu, ensonada —, é o filho dela.

— Dela?

— Da bruxa má.

— Qual é o seu nome?

— A bruxa me chama de cadela — disse a verter lágrimas. — Eu não sou cadela, nem cachorra.

— Vamos sair daqui e passear um pouco — propus, pegando em sua mão. Precisava sair daquele campo vibracional denso para descobrir algo mais sobre ela.

— A bruxa não deixa.

— Deixa sim, eu já falei com ela.

— Aonde vamos?

— Para onde quiser, você escolhe.

Seus olhos brilharam e ela abriu um sorriso lindo. Imediatamente, a casinha macabra de contos de fadas se desfez diante de nossos olhos.

Por um momento, pensei que iríamos ao Jardim de Aromatiza, mas não. Ela tornou a fazer criações mentais, porém, mais positivas.

Crianças surgiram correndo e brincando. Muros apareceram à nossa volta. A menina estava construindo uma residência, o que poderia me fornecer várias pistas.

Formou-se o cenário de um pátio com escorregador, balanços e gangorra. Um garotinho de uns dois anos correu para os braços da menina. A criancinha não fazia parte da criação mental, estava realmente projetada.

— Este é meu irmãozinho, moça. Ele mora neste orfanato — afirmou, abraçando-o com amor.

— Acorda, cachorra, acorda — a mulher gritava ao longe. Nesse momento, percebi que estávamos projetadas sobre a área do sítio em que ela morava.

Em segundos, a ilusão da pequena se desvaneceria. E eu voltaria ao corpo, pois minha bexiga, que reclamava fazia tempo, negava-se a se esvaziar na própria cama — condicionamento que já me interrompera inúmeras projeções. Não fosse isso, permaneceria no local, colhendo informações.

Caso a menina tivesse personificado o orfanato com fidelidade, provavelmente teria um nome. Agitada, percorri com os olhos o local à procura das palavras. Corri para a fachada do lugar e, antes que sumisse, ainda pude ler, "Lar Irmão Sol, Irmã Lua". Regressei abruptamente ao corpo.

Logo que retornei do banheiro, liguei o computador, eufórica. Se a pista fosse verdadeira, isso evitaria uma terceira projeção investigativa, agilizando o resgate da criança.

Muitos lares, institutos e muitas associações com o mesmo nome ou similar surgiram na busca, contudo, somente uma fachada era idêntica àquela criada pela menina. O local ficava numa cidade na divisa de São Paulo com Minas Gerais.

Liguei para Anderson antes mesmo de amanhecer. O investigador, que se tornara um grande amigo, não se incomodou em ser despertado e combinou que me pegaria em duas horas.

Não sabia quais eram seus planos, todavia, confiava nele e tratei de me preparar para o desfecho da minha primeira missão em parceria com a polícia, embora não oficial.

Conforme o combinado, Anderson passou em casa. Trouxe consigo a esposa e o enteado, Sonia e Juan, afinal, era domingo, e já tinham combinado um passeio em família.

Durante a viagem, contei todos os detalhes ao investigador, que deduziu que a menina fora adotada antes de a mulher engravidar, com o propósito de sujeitá-la a trabalhos domésticos.

Segundo seu conhecimento no assunto, Anderson ainda inferiu que, após o nascimento do filho, a mulher intensificara os maus-tratos à garota. As ameaças contra o irmãozinho, que ficara no orfanato, garantiam o silêncio da menina.

A primeira providência que tomamos ao chegarmos à cidade foi visitar o orfanato. A ideia era tentar descobrir o endereço da menina para levarmos a polícia direto à residência.

O investigador ficou no carro. Sonia e eu dissemos à funcionária que, em nossa última visita ao local, simpatizamos muito com uma garota cujo irmãozinho também morava lá.

— Trouxe um presente, mas acho que ela foi adotada — comentei.

— Vocês devem estar falando da Wandinha e de seu irmão Gabriel.

— Acho que sim, ela tem uns nove anos...

— Ela tem 11 anos, mas é miudinha.

— Será que podemos visitá-la em sua nova casa?

— Olha, não costumamos dar o endereço sem a permissão dos pais adotivos.

— Queremos fazer uma surpresa — argumentou Sonia.

— Tipo Papai Noel fora de época — interferiu Juan, que acabou por me dar uma excelente ideia.

— Isso mesmo! — exclamei. — Queremos deixar seu presente na porta de casa, sem ninguém ver, nem ela. Tocamos a campainha e partimos.

— Prometemos um computador — completou Sonia.

— Tudo bem, depois telefono para avisar a Renata.

— A mãe adotiva? — perguntei.

— Sim, ela teve bebê há pouco tempo e deve estar toda atrapalhada.

— Deixa pra avisá-la amanhã, depois de colocarmos o presente, para não estragar a surpresa — pediu Sonia.

Com o endereço na mão e os dedos cruzados para que a funcionária não avisasse à família, seguimos para a delegacia.

Anderson se apresentou ao delegado de plantão e contou que sua delegacia recebera uma denúncia anônima poucos dias atrás. Alguém relatara ter visto uma criança dormindo na casinha de cachorro, em um sítio daquela região.

O delegado estranhou, indagando por que a tal testemunha não o procurou. Anderson, delicadamente, lembrou o colega que em primeiro lugar era mais importante apurar a denúncia do que questionar as razões de quem a realizou.

— E por que você veio de tão longe, não bastava uma ligação?

— Tenho assuntos para tratar nesta região. Minha família está no carro.

Nossa maior preocupação era não dar margem de manobra à mulher. Se denunciássemos tudo por telefone, seguramente o delegado chegaria de dia ao sítio, e Renata justificaria os hematomas e as picadas no corpo da menina com alguma desculpa convincente. A pobre criança tampouco entregaria sua agressora.

— O senhor vai apurar a denúncia?

— Este endereço que me mostrou é de um casal. Faz pouco que a mulher teve filho. Eles também têm uma menina adotiva — disse, pensativo. — Sim, vamos apurar.

Anderson sugeriu que a polícia averiguasse a denúncia durante a noite, na tentativa de fazer um flagrante. Comunicou ainda que pretendia acompanhá-lo. Felizmente, o delegado concordou, seria muito difícil para todos nós voltarmos a São Paulo sem saber o desfecho dessa história.

Fomos comer alguma coisa e nos hospedamos em um hotel no centro da cidade. Precisávamos descansar um pouco, pois partiríamos de madrugada.

Passava das onze horas da noite quando Anderson, o delegado e um policial chegaram ao sítio. O delegado tocou a campainha, contrariando a sugestão do investigador para espiar sobre o muro.

Minutos depois, a mulher atendeu o interfone. O delegado se identificou e ela apareceu no portão.

— Algum problema, doutor Cássio?

— O seu marido está em casa?

— Não, ele viaja muito.

— Aconteceu alguma coisa?

— Tivemos alguns roubos na região e estou alertando os moradores — inventou o delegado, tranquilizando Anderson, que imaginou que o homem entregaria tudo, dando a chance para a mulher mentir e encerrar a conversa ali mesmo, posto que não tinham nenhum mandado para inspecionar a casa.

— Não soube de nada — alegou Renata.

— Sei que já é tarde, mas podemos entrar? Quero passar algumas dicas de segurança à senhora.

— Estou com um bebê pequeno, acho melhor voltarem amanhã.

— Recebemos uma ligação sobre umas movimentações estranhas em um sítio próximo — insistiu o delegado.

— Tudo bem, podem entrar um pouco — concordou com a cara fechada.

— Serei rápido, meus homens ficarão aqui na entrada.

Logo que a mulher e o delegado entraram, Anderson e o policial percorreram a parte externa do lugar. Seguindo minha indicação, o investigador foi direto ao ponto.

— Cuidado. A denúncia pode ter sido um trote — sussurrou o policial, vendo a casinha de cachorro.

— Companheiro, não há cachorro nenhum lá dentro.

— Veremos — disse, empunhando sua arma.

— Por favor, abaixe essa arma — solicitou Anderson, com receio de que o homem, no susto, atirasse.

— Tudo bem. Vou me afastar um pouco, não quero ser mordido.

Anderson torceu para que a menina estivesse lá dentro, somente assim, configuraria flagrante. Com uma lanterna, iluminou o interior da casinha. Embora preparado para a cena que presenciaria, comoveu-se ao ver a menininha enrolada em cobertores sujos.

A princípio, a pequena encolheu-se, com medo. Ao entender que o investigador estava lá para resgatá-la, arrastou-se para fora da casinha e se atirou em seus braços. Chorou muito, como se agora já fosse seguro voltar a ser criança.

Renata foi presa em flagrante. Sua mãe foi acionada para cuidar do bebê. Semanas depois, soubemos que o advogado da mulher alegou depressão pós-parto e ela respondia ao processo em liberdade, pelo crime de maus-tratos contra a criança. Devido às manobras do profissional, ela se livrou de responder pelo crime de tortura, considerado hediondo, em que aguardaria o julgamento presa.

A menina retornou ao orfanato. Não cheguei a conhecê-la na dimensão física. Partimos, conforme o planejado, durante aquela madrugada. No entanto, acompanhei ativamente sua recuperação no Jardim de Aromatiza.

Wandinha trazia muita alegria e vontade de viver. No futuro, construiria uma família unida, sempre ao lado do seu amado irmãozinho.

Festejar

    Amava meu trabalho no jornal e mais ainda a atividade extraoficial com a polícia. Em dois meses, encontrei três crianças desaparecidas. Foram casos sugeridos por Anderson.
    Queria fazer mais, entretanto, era uma aprendiz, além de que não sabia ao certo quem ou o quanto me era permitido descobrir.
    Ainda pensava em Tom, porém, não tentei localizá-lo. Mais madura para lidar com nossa história, não queria achá-lo em um corpo de criança. Confortava-me com a possibilidade de voltarmos a nos encontrar no mundo extrafísico daqui a algumas décadas.
    Minhas movimentações românticas eram tranquilas, quase parando. Após tantas lições de desapego com Padre Zezinho, vivia plenamente a máxima: "melhor sozinha do que mal acompanhada".
    Nos últimos anos, tive duas paixonites leves, sendo que uma virou um namoro curto. Ninguém que me inspirasse a um reencontro nas próximas vidas.
    Havia, contudo, quem eu desejasse rever em muitas reencarnações, como Orixan e Ayumi. Eles tinham voltado

ao Brasil fazia dois anos. O quintal, que um dia fora horta e terreiro de candomblé, transformou-se numa academia de artes marciais, incluindo a capoeira.

Fazia algum tempo que não os via, e o aniversário de um ano de Marcel, o filho do casal, foi um maravilhoso motivo para rever todos.

Olívia, Divaldo, Amélia, Anderson, Sonia, Juan e mais cem convidados circulavam pelo grande quintal da casa. Os cachorros passeavam entre as pessoas, já os gatos preferiam os quartos.

— Então, maninha, tá gostando da festa? — quis saber Orixan.

— Tudo perfeito, animação, decoração, os comes e bebes — respondi com Marcel em meus braços.

— Claro, foi minha equipe que organizou tudo — orgulhou-se Sonia, que acabara de montar uma empresa de eventos.

— Finalmente está seguindo sua vocação — afirmei.

— Estou me realizando, já tenho quatro festas agendadas.

— A vida dá voltas, hein! Anos atrás, estávamos os três aqui achando que eu seria preso.

— Nem me lembre desse tempo, Orixan — reclamou Sonia.

— Tirando alguns momentos difíceis, me recordo de tudo com carinho — comentou ele.

— Como você disse, meu amigo, a vida dá voltas e hoje a Sonia é a minha esposa — entrou na conversa Anderson, brincando para disfarçar uma pontinha de ciúmes do ex-namorado da mulher.

201

— Mei, gostaria de te dar mais atenção — disse Ayumi, aproximando-se —, mas com tanta gente que o Xan fez questão de convidar...

— Não se preocupe comigo, vá cuidar da sua festa.

— Papais, vamos levar o Marcel pra fotografar com os convidados? — disse Sonia. — Anderson, cadê o Juan?

— Está de conversinha com uma garota. Vou dar uma olhada — tranquilizou-a.

Sozinha, encostada numa árvore, inspirei o mesmo perfume amadeirado que Iansã costumava deixar nos ambientes. Sem dúvida, ela era a convidada mais ilustre da festa, junto com o senhor Seiji, pai adotivo de Orixan e avô de Ayumi. Deviam estar conversando, quiçá, discutindo entre uma gargalhada e outra de Iansã.

— Tia Mei — correu Amelinha para meus braços.

— Cansou de brincar?

— Não, eu só vim contar uma coisinha.

— O quê, minha amada?

— Eu ajudei a fazer o culto.

— Eu perdi? Puxa!

— Foi legal.

— E como foi?

— Um pastor de outra igreja foi lá. Ele falou que quem faz coisa ruim queima no fogo do inferno, e eu dei risada — contou-me a menininha de quatro anos.

— E por que riu, amor?

— Achei engraçado, tia.

— Então, o moço ficou bravo?

— Ele perguntou qual era a graça.

— E o que você disse?

— Eu falei que...

— Você acredita, Mei, a menina corrigiu o pastor — Olívia interrompeu, aproximando-se com Divaldo.

— O riso dela contagiou o culto, todo mundo caiu na risada — disse Divaldo, orgulhoso da filha.

— O pastor ficou tão sem jeito que chamou Amélia lá na frente e falou pra ela contar o que sabia sobre o fogo do inferno — explicou a mãe.

— Todo mundo ficou se olhando, achando estranho o convite dele. Eu falei que era coisa de criança e segurei minha filha, não deixei ela ir — afirmou o pai.

— Mas ela foi assim mesmo e, na frente de todo mundo, ela disse...

— Deixa eu contar, mãe, deixa? — clamou Amélia, quase chorando.

— Conta, então.

— Eu fui lá na frente e falei que não conheço o fogo do inferno, só conheço o amor, e o amor cura tudo, até quem faz coisa ruim.

— Os irmãos aplaudiram de pé a Amelinha — disse Divaldo com lágrimas nos olhos.

— Querida, que mensagem linda — abracei-a.

— O pastor ficou constrangido — revelou Olívia.

— Ele queria deixar a menina com vergonha porque é pequenininha, mas foi ele que acabou envergonhado — riu o pai.

— Não devemos sair corrigindo as pessoas, Divaldo — Olívia repreendeu o marido, querendo dar um bom exemplo à filha.

— Tudo que aprendemos sobre amor e perdão foi naquela igreja. Não me venha agora um pastor de fora falar de fogo do inferno — defendeu-se Divaldo.

Em sinal de aprovação, sorri para meu cunhado e ele entendeu. O que as pessoas mais necessitavam, principalmente Divaldo, era de amor e de perdão.

Olívia também concordava com a filha, no entanto, não queria torná-la uma criança impertinente.

Dilemas maternos à parte, Irmã Benedita, agora Amelinha, reencarnou com propósitos edificantes, e a educação terrena pouco mudaria sua rota, pois sua missão principal não era ultrapassar as próprias barreiras evolutivas como a maioria de nós. Trazia consigo mensagens e mudanças para a humanidade.

— O pai está te procurando, Mei.
— Ele veio?
— Chegou há pouco.

Não via meu pai com a mesma frequência de antes. Ele optara por se aposentar naquele ano, como se estivesse esperando minha formatura. Seu único vínculo com a redação era uma coluna dominical.

Avistei-o conversando com Anderson. Ambos já tinham estado em tantas encarnações juntos, como pai e filho, irmãos, amigos, que sempre arrumavam uma desculpa para se encontrarem de novo.

— Depois nos falamos — disse ele, despedindo-se do amigo.

— Estava colocando a conversa em dia com seu filho? — perguntei, fazendo meu pai rir.

— Adoro a história que me contou sobre o século XIII, queria eu mesmo poder me lembrar de outras vidas.

— Quem sabe um dia.

— Mei, recebi o material de um encontro de musicoterapia e soube que o pessoal da cultura não enviou ninguém para lá.

— Eu não sou do caderno de cultura, você sabe.

— Eu conversei com a Rita, e ela não se importa que você vá cobrir o evento.

— Pai, por que tanta preocupação com esse encontro?

— Fica em Paraty.

— Paraty?

— Minha intuição de pai acha que você deve estar lá.

— Não sei — disse, pensativa.

— Não foi lá onde tudo começou?

— Foi. E daí?

— O rapaz estava ligado à música, não é mesmo?

— Tom reencarnou, pai.

— Eu sei, filha, você já me contou isso várias vezes. Só acho que pode ser interessante voltar à cidade.

— Já estive lá de novo.

— Eu quis dizer fisicamente, não em projeção.

— Quando termina o encontro?

— Domingo.

— Ou seja, amanhã.

— Hoje tem atividades até as dez.

— Acredito na sua intuição de pai e na sua boa intenção, mas já são duas da tarde e levaria horas para chegar a Paraty.

— Uma hora de helicóptero.

— O jornal jamais custearia táxi-aéreo para cobrir um encontro de musicoterapia.

— Eu pago.

Achei graça na insistência dele. Que imagem eu estaria passando para meu pai ficar tão preocupado comigo? Pensava ele que eu encontraria um grande amor em uma viagem a trabalho pelo simples motivo de estar em Paraty?

— Mei, pare de pensar besteiras — ordenou, quase adivinhando meus pensamentos. — Sei que está feliz e que não precisa de uma viagem para ficar melhor, aliás, você já passeia demais no mundo extrafísico. Apenas quero lhe dar este presente, posso?

— Pode sim, pai — concordei para não desapontá-lo.

— Pra você se animar, aqui está a pasta com a programação e a biografia dos palestrantes.

— O material é interessante?

— Não sei, só vi os horários. A ideia de cobrir o encontro foi apenas um pretexto que arrumei para você ir, não precisa escrever matéria nenhuma, somente desfrute o evento e a cidade.

— Pode ser que ainda escreva alguma coisa para segunda. Obrigada, pai.

— Estão chamando para os parabéns — informou ele, abraçando-me com carinho.

Duas horas depois, decolei rumo a Paraty, sem expectativas, porém, disposta a apreciar uma noite diferente, em um ambiente mais inspirador do que a vista de concreto da janela do meu apartamento.

Paraty

Logo que o helicóptero levantou voo, abri a pasta com as informações do evento. Achava o assunto fascinante e já tinha experimentado, em inúmeras projeções, o poder da música.

Os trabalhos e as biografias dos palestrantes brasileiros e estrangeiros renderiam uma ótima matéria. Folheei até a metade do programa, quando me distraí com o céu e a cidade, que se distanciava.

Passeando meus olhos despretensiosamente pelo interior da nave, voltei-os mais uma vez à revista, que ficara aberta.

Frio no estômago. Meu coração teve um sobressalto, depois disparou. Engoli a seco. Estava diante da foto de Tom ao lado do título: "Thomas Arca — Argentina".

Não tive tempo de processar nada, minha cabeça tombou para o lado e apaguei.

Projetei-me para fora do corpo de imediato. Sentado à minha frente estava Padre Zezinho, sorrindo.

— Não aguentou a emoção, filha?

— O que significa isso, padre?

— Você sabe o que significa.

— Tom reencarnou há cinco anos.

— Nunca foi dito que ele renasceria.

— Como não?

— Somente silenciamos diante da sua certeza de reencarnação.

— Nunca pensei em outra possibilidade, senão essa.

— Thomas passou dois anos em coma devido às drogas, depois despertou.

— Eu sei sobre as drogas, mas acreditava que seu corpo tivesse morrido.

— Ele jamais disse tal coisa.

— Não me lembro. Tinha certeza que sim.

— Temos muitas certezas que nos conduzem ao erro.

— Como pude confundir o corpo astral de um encarnado com um espírito livre da matéria? Isso é tão básico!

— Não era seu foco, ainda estava iniciando, ou melhor, retomando seu aprendizado.

— Nos últimos anos, cheguei a refletir, duas ou três vezes, sobre sua condição extrafísica, mas interrompia o pensamento. Ficava confusa, tensa.

— Ambos amadureceram, encontraram seus caminhos, seus propósitos de vida.

— Perdi cinco anos longe dele.

— Você não perdeu nada, deixe de dramas. A hora é agora.

— Meu pai sabia?

— Não, apenas recebeu uma forte intuição.

— Por que ele?

— João Carlos é um homem prático, achamos que faria uma ótima ponte entre vocês. Não queríamos que você tivesse muito tempo pra pensar, fazer longas pesquisas sobre Tom. A surpresa deixa tudo mais espontâneo — explicou sorrindo.

— Tom se lembra de mim? Está casado?

— Haja o que houver, nunca se esqueça, você não está sozinha, filha.

Retornei ao corpo da mesma forma que saí, bruscamente.

— Acordou na hora certa, estamos chegando — disse o piloto.

Estremeci de ansiedade, euforia, medo. Por mim, saltava do helicóptero ali mesmo, se tivesse paraquedas. Entretanto, precisava elaborar aquela revelação nos poucos minutos que faltavam para aterrissar. Não queria chegar chorando, transbordando em emoção.

Questionei-me se seria tão importante a longevidade do amor para ele quanto era para mim. De volta à energia densa terrena, talvez Tom estivesse entregue às paixões voláteis, às empolgações fáceis, como a maioria dos homens que conheci.

"O que ele veria em mim que já não viu em outras mulheres? Chega!", gritei em pensamento. "Cada um tem a sua verdade, seu estágio evolutivo, se encontre com ele e veja o que acontece", ordenei a mim mesma.

Tornei a olhar o programa. Sua palestra devia estar na metade. Pensei na possibilidade de ir ao hotel primeiro, tomar um banho e aparecer linda à sua frente, mas isso, decididamente, jamais conseguiria fazer.

Foram anos de espera, imaginando que nos veríamos daqui a várias décadas em outra dimensão ou encarnação. Agora, diante de mim, estava a chance de reencontrá-lo no mesmo corpo e na mesma vida na qual nos apaixonamos. Não podia adiar mais um minuto para vê-lo.

Já em terra, andei quase a correr para o centro de convenções. Sentia as pernas bambas e o suor escorrendo pelo rosto, naquele fim de tarde quente.

Quando cheguei, enganei-me de sala duas vezes, porém, ao ouvir o som da guitarra, fui guiada até ele. A vibração emitida pelas cordas do instrumento se misturou à paixão pulsante que tornei a sentir por Tom.

Da porta do auditório, vi Tom pela primeira vez em seu corpo físico. Apesar dos anos, sua aparência era basicamente a mesma da época em que eu o conhecera.

Tive ímpetos de correr para o palco e me jogar em seus braços. Contive-me. Caminhei em câmera lenta na ilusão de que me acalmaria.

Postei-me ao lado do palco, no canto direito, à espera de ser notada por ele. Seu olhar me salvaria, traria uma resposta, uma esperança de que compartilhava comigo a nossa história.

Tom não olhou para mim, nem para ninguém, estava tomado pela música. Foram longos minutos e meu coração se negava a desacelerar.

Finalmente, pousou o instrumento. Durante calorosos aplausos, agradeceu ao público e virou sorrindo para mim. Congelei. Estava mais séria do que deveria. Pretendia captar cada reação de seu rosto.

Sem dúvida, olhou para mim mais tempo do que olhara para qualquer outra pessoa naquele momento, entretanto, no instante que voltou a falar ao microfone, constatei que não se lembrava de mim. Senti um nó na garganta, contudo, continuei firme, determinada a ficar até o final.

Em um portunhol perfeitamente compreensível, Tom continuou sua palestra sobre os efeitos da música e da formação musical na infância. Lembrei-me do grupinho de crianças a que ele tanto se dedicava no mundo astral. A preocupação em comum com os pequenos somava-se às nossas muitas afinidades.

Falava com amor sobre suas pesquisas e aplicações terapêuticas desenvolvidas nos últimos anos. Na plateia, quase todos esboçavam um sorriso de satisfação e simpatia pelo orador.

Parecia um homem equilibrado e em paz. Certamente sua recuperação e suas conquistas não seriam as mesmas, se voltasse com a clara lembrança de um amor vivido no mundo espiritual. Muito menos se eu o procurasse após a saída do coma.

Padre Zezinho sempre esteve certo, o esquecimento ajudava as pessoas a dar continuidade aos seus projetos reencarnatórios. Por outro lado, não podia me valer desse recurso, posto que meu maior desafio evolutivo era ampliar a consciência, acessar as dimensões e aprender a conviver com tudo, administrando as emoções e os conhecimentos.

Ao finalizar a palestra, Tom abriu para perguntas. Uma fila se formou diante do microfone colocado na plateia. Com paciência e confiança, fui para o fim da fila. Faria a última pergunta e, na sequência, proporia uma entrevista. Trabalhava para um grande jornal e, decerto, Tom não declinaria do convite.

Mil possibilidades me passaram pela cabeça. Combinaria a entrevista em um charmoso bar à luz de velas ou talvez caminharíamos pelas vielas antigas da cidade ao som do flautista da praça.

Que sensação magnífica se apossou de mim. Iniciaríamos do zero, um pseudocomeço que encobria centenas de anos de ligação amorosa.

Momentos de nós dois vieram à tona. Nossas mãos se tocando no lago dos peixes dourados, o difícil percurso que fizemos ao lado de Irmã Benedita pelo purgatório e a valsa que dançamos na Terra do Fogo sob a esplendorosa aurora austral.

Meia hora depois, chegou minha vez.

— Muito prazer, Tom — disse com a voz meio rouca. — Quero dizer, Thomas...

— Tudo bem, todos me chamam de Tom — interrompeu com um sorriso encantador, encarando-me com sincero interesse.

— Sou Mei, do Correio Paulista.

— Mei... Gosto muito desse nome.

— Já conheceu alguma Mei?

— Talvez um dia já tenha conhecido, não me lembro bem — respondeu, pensativo.

— Soube que passou alguns anos em estado de coma.

— É um assunto que não costumo abordar em minhas palestras, tampouco, escondo.

— Você se lembra de algo ou de alguém desse período em que viveu mais fora do que dentro do corpo físico?

— Está falando de desdobramento do corpo espiritual?

— Sim. Trouxe recordações, aprendizados do mundo extrafísico ao retornar do coma?

Tom, bem mais sério agora, olhou-me da cabeça aos pés, depois se fixou em meus olhos. Intuí que se lembrava de muitas passagens e, como em um quebra-cabeça, ele agora buscava me encaixar naquilo tudo.

Mexeu nos cabelos para disfarçar a confusão mental, não sabia como definir suas recordações e nem se deveria compartilhá-las.

Silêncio total no auditório. Uma parte do público estava constrangida devido à demora da resposta e a outra, curiosa para saber o que ele diria.

Nossa troca de olhares angustiados foi interrompida pelo grito de um garotinho que saiu detrás do palco. Desprendendo-se da mão de uma mulher, a criança correu para o colo de Tom.

A plateia riu, aliviada pelo menino ter colocado um fim ao clima tenso. Aplaudiram o pequenino. Encorajado, ele começou a cantar no microfone.

Tom sorriu para mim sem jeito como que pedindo desculpa pelo garoto. Sinalizei com a cabeça que compreendia.

Observei a mulher, o garoto de uns três anos, muito parecido com Tom, e entendi tudo.

Com os olhos marejados, saí discretamente entre as palmas do público, que acompanhava o ritmo da canção em espanhol.

Sentia um punhal enterrado em meu peito. Sentimentos românticos, sobretudo, as decepções, afetavam demais o meu estado emocional. Em uma hora, galguei por sensações não vivenciadas havia anos.

Ninguém reparou em mim, somente Tom, que se manteve no palco segurando o garoto, enquanto acompanhava com os olhos a minha partida.

Não imporia nossa história secular sobre a oportunidade de renovação que a vida oferecia a ele. Tom seguiu em frente, estava bem e, se um dia voltasse para mim, não seria por manipulação de minha parte.

Parti para o único lugar que queria estar naquele momento: a praia em que nos conhecemos nesta vida.

Caminhei pelas águas mornas do mar, purificando meu corpo. Recordei-me da primeira vez que estive naquela praia, de Tom pegando em meu pé debaixo d'água, da criançada rindo, falando sobre seus planos para o futuro.

213

Sob o esplendoroso pôr do sol de Paraty, a tristeza em vê-lo casado e com filho já não era tão forte, percebi que fizera um grande melodrama com isso. Deveria, antes de tudo, estar feliz em vê-lo novamente após tantos anos de hiato e, principalmente, em constatar que ele estava superando seus desafios.

Mergulhei.

Ao emergir das águas, já tinha retirado do comando a Mei rejeitada e ansiosa, com forte propensão para julgamentos precipitados. Estava colocando em prática o treinamento que vinha recebendo nos últimos anos. Sabia que as recaídas emocionais estavam longe de serem extintas, o importante era tomar consciência delas e, depois, transmutá-las.

Livre de emoções pesadas, respirei profundamente e agradeci à vida pela linda surpresa que me revelara naquele dia.

Após o encerramento de sua apresentação, Tom pediu licença a um grupo de espectadores que se formou ao seu redor e seguiu para o banheiro.

Estava quente, seu coração palpitava. Cenas do astral, que povoavam suas lembranças desde que voltara do coma, insistiam em ser reprisadas naquele momento.

Molhou o rosto e a nuca. As memórias da dimensão espiritual sempre foram para ele como um filme antigo, indecifrável. Jamais se preocupara em saber se os episódios trazidos do coma foram reais ou apenas oníricos, se aquelas pessoas e aqueles lugares, que surgiam com tanta força em sua mente, às vezes, poderiam existir de verdade.

Atordoado, sentou-se no chão. *Flashes* do meu rosto tal qual acabara de conhecer se misturaram com suas recordações extrafísicas comigo. Comparou a garota do astral com a jornalista terrena.

— Mei... Ela também se chamava Mei — falou para si com lágrimas nos olhos.

Então, de repente, viu-se invadido por uma revelação diferente de suas crenças e seus paradigmas: suas memórias não eram produtos de sonhos criativos; eram experiências, ele tinha vivido tudo aquilo. Seres com os quais conviveu durante o coma existiam em outra e até mesmo em sua própria dimensão.

— Sim, é ela. A mulher que acabei de conhecer é a mesma das minhas lembranças. Ela existe! Ela existe!

Impulsionado por um entusiasmo amoroso que não sentia havia tempos, saiu do banheiro decidido a me encontrar.

— Tio, tio — ouviu ao fundo.

Era o garotinho do auditório, no colo de sua mãe, irmã de Tom.

— Nos vemos mais tarde. Vão comer, conhecer a cidade — sugeriu o rapaz em espanhol.

Meu chacra cardíaco pulsava de felicidade em poder compartilhar do mesmo período reencarnatório de Tom. Ele não estava no corpo de uma criança com outro nome, como eu acreditava. De certa forma, estávamos juntos nesta vida terrena.

A eternidade, as mudanças de corpos, cenários e papéis eram fascinantes e fundamentais, no entanto, a manifestação única de cada encarnação me era ainda muito valiosa. Eu e Tom jamais voltaríamos a ter aquela jornada de vida, aquelas características físicas, psicológicas e sociais depois de nosso desencarne. Se esse meu ponto de vista era um apego à materialidade, também era o reconhecimento da grandeza de cada oportunidade que recebemos para amar, para valorizar o aqui e o agora e tentar fazer o nosso melhor na vida presente.

Fechei meus olhos diante do horizonte avermelhado para entoar um mantra, inspirada no som do piano que ecoava pela praia.

Senti uma presença ao meu lado. E era tão agradável que pensei se tratar de algum ser espiritual. Ele pegou em minha mão, submersa na água, e sussurrou:

— Mei.

— Tom? — respondi, abrindo os olhos.

Frente a frente, tocando-nos fisicamente pela primeira vez, toda nossa existência estava ali, condensada no brilho de nosso olhar. Tínhamos nos encontrado finalmente.

Peguei em sua outra mão. E nos beijamos sem pressa. Um beijo suave, apaixonado, consagrado pela chama eterna do amor.

GRANDES SUCESSOS DE
ZIBIA GASPARETTO

Com 18 milhões de títulos vendidos, a autora tem contribuído para o fortalecimento da literatura espiritualista no mercado editorial e para a popularização da espiritualidade. Conheça os sucessos da escritora.

Romances
pelo espírito Lucius

A verdade de cada um	O matuto
A vida sabe o que faz	O morro das ilusões
Ela confiou na vida	Onde está Teresa?
Entre o amor e a guerra	Pelas portas do coração
Esmeralda	Quando a vida escolhe
Espinhos do tempo	Quando chega a hora
Laços eternos	Quando é preciso voltar
Nada é por acaso	Se abrindo pra vida
Ninguém é de ninguém	Sem medo de viver
O advogado de Deus	Só o amor consegue
O amanhã a Deus pertence	Somos todos inocentes
O amor venceu	Tudo tem seu preço
O encontro inesperado	Tudo valeu a pena
O fio do destino	Um amor de verdade
O poder da escolha	Vencendo o passado

Sucessos
Editora Vida & Consciência

Amadeu Ribeiro

A herança
A visita da verdade
Juntos na eternidade
O amor não tem limites
O amor nunca diz adeus

O preço da conquista
Reencontros
Segredos que a vida oculta vol.1
A beleza e seus mistérios vol.2
Amores escondidos vol. 3

Ana Cristina Vargas
pelos espíritos Layla e José Antônio

A morte é uma farsa
Além das palavras
Almas de aço
Em busca de uma nova vida
Em tempos de liberdade
Encontrando a paz
Escravo da ilusão

Ídolos de barro
Intensa como o mar
Loucuras da alma
O bispo
O quarto crescente
Sinfonia da alma

André Ariel

Além do proibido
Em um mar de emoções
Eu sou assim
Surpresas da vida

Carlos Henrique de Oliveira

Ninguém foge da vida
Tudo é possível

Carlos Torres

A mão amiga
Querido Joseph (pelos espírito Jon)
Uma razão para viver

Cristina Cimminiello
As joias de Rovena
O segredo do anjo de pedra

Eduardo França
A escolha
A força do perdão
Do fundo do coração
Enfim, a felicidade
Vestindo a verdade
Vidas entrelaçadas

Evaldo Ribeiro
Aprendendo a receber
Eu creio em mim
O amor abre todas as portas (pelo espírito Maruna Martins)

Flávio Lopes
A vida em duas cores
Uma outra história de amor

Floriano Serra
A grande mudança
A outra face
Amar é para sempre
Ninguém tira o que é seu
Nunca é tarde
O mistério do reencontro
Quando menos se espera...

Gilvanize Balbino
De volta pra vida (pelo espírito Saul)
Horizonte das cotovias (pelo espírito Ferdinando)
O homem que viveu demais (pelo espírito Pedro)
O símbolo da vida (pelos espíritos Ferdinando e Bernard)
Salmos de redenção (pelo espírito Ferdinando)

Lucimara Gallicia
pelo espírito Moacyr

O que faço de mim?
Sem medo do amanhã

Lúcio Morigi

O cientista de hoje

Marcelo Cezar
pelo espírito Marco Aurélio

Acorde pra vida!
A última chance
A vida sempre vence
Coragem para viver
Ela só queria casar...
Medo de amar
Nada é como parece
Nunca estamos sós
O amor é para os fortes
O preço da paz
O próximo passo
O que importa é o amor
Para sempre comigo
Só Deus sabe
Treze almas
Tudo tem um porquê
Um sopro de ternura
Você faz o amanhã

Márcio Fiorillo

Nas esquinas da vida

Maura de Albanesi
pelo espírito Joseph

O guardião do Sétimo Portal
Coleção Tô a fim

Meire Campezzi Marques
pelo espírito Thomas

A felicidade é uma escolha
Cada um é o que é
Na vida ninguém perde

Mônica de Castro
pelo espírito Leonel

A força do destino
A atriz
Apesar de tudo...
Até que a vida os separe
Com o amor não se brinca
De bem com a vida
De frente com a verdade
De todo o meu ser
Desejo – Até onde ele pode te levar? (pelos espíritos Daniela e Leonel)
Gêmeas
Giselle – A amante do inquisidor
Greta
Impulsos do coração
Jurema das matas
Lembranças que o vento traz
O preço de ser diferente
Segredos da alma
Sentindo na própria pele
Só por amor
Uma história de ontem
Virando o jogo

Rose Elizabeth Mello

Como esquecer
Desafiando o destino
Os amores de uma vida
Verdadeiros Laços

Sérgio Chimatti
pelo espírito Anele

Ecos do passado
Lado a lado
Os protegidos
Um amor de quatro patas

**Conheça mais sobre espiritualidade
com outros sucessos.**

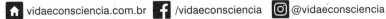 vidaeconsciencia.com.br  /vidaeconsciencia 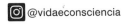 @vidaeconsciencia

ZIBIA GASPARETTO
Eu comigo!

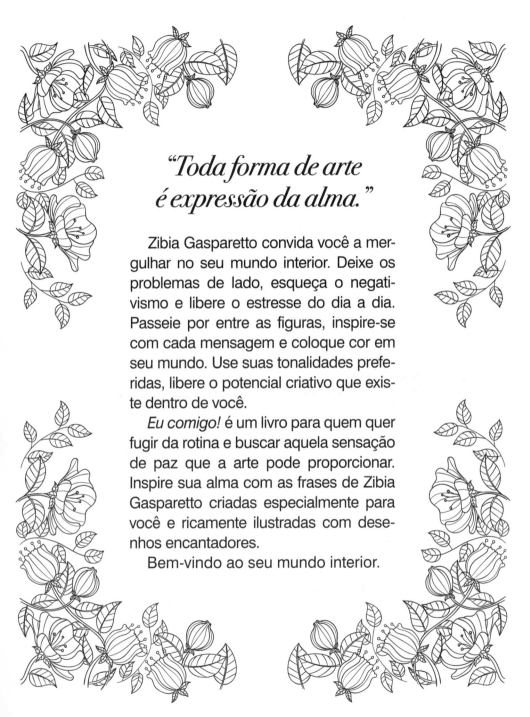

*"Toda forma de arte
é expressão da alma."*

Zibia Gasparetto convida você a mergulhar no seu mundo interior. Deixe os problemas de lado, esqueça o negativismo e libere o estresse do dia a dia. Passeie por entre as figuras, inspire-se com cada mensagem e coloque cor em seu mundo. Use suas tonalidades preferidas, libere o potencial criativo que existe dentro de você.

Eu comigo! é um livro para quem quer fugir da rotina e buscar aquela sensação de paz que a arte pode proporcionar. Inspire sua alma com as frases de Zibia Gasparetto criadas especialmente para você e ricamente ilustradas com desenhos encantadores.

Bem-vindo ao seu mundo interior.

www.vidaeconsciencia.com.br

Rua Agostinho Gomes, 2.312 — SP
55 11 3577-3200

contato@vidaeconsciencia.com.br
www.vidaeconsciencia.com.br